डॉ. विनोद प्रकाश गुप्ता 'शलभ'

डॉ. विनोद प्रकाश गुप्ता 'शलभ' का जन्म 17 अप्रैल, 1949 को नाहन, ज़िला—सिरमौर, हिमाचल प्रदेश में हुआ। उन्होंने अर्थशास्त्र में पी-एच.डी. करने के अलावा क़ानून, गांधी दर्शन, मानवाधिकार और पत्रकारिता में भी डिग्रियाँ और डिप्लोमा अर्जित की हैं। भारतीय प्रशासनिक सेवा के सेवानिवृत्त अधिकारी हैं।

उनकी प्रकाशित कृतियाँ हैं—'चारों दिशाएँ' (कविता-संग्रह); 'आओ नई सहर का नया शम्स रोक लें', 'बूँद बूँद ग़ज़ल' (ग़ज़ल-संग्रह)। अशोक महापात्रा के अंग्रेज़ी काव्य-संग्रह 'माई आफ़्टरनून पोयम्ज़' का हिन्दी में 'उत्तरार्द्ध' शीर्षक से अनुवाद भी किया है। हिन्दी और अंग्रेज़ी की प्रतिष्ठित पत्र-पत्रिकाओं में उनकी रचनाएँ प्रकाशित हैं।

साहित्य-सृजन के लिए उन्हें 'गायत्री शिरोमणि सम्मान', 'सोपान साहित्यिक सम्मान' और 'अनुबन्ध साहित्य भूषण सम्मान' समेत कई सम्मान प्रदान किये जा चुके हैं। नारायणी साहित्य अकादमी, नई दिल्ली और रचनाकार संस्था, कोलकाता सहित कई संस्थाओं ने उन्हें सम्मानित किया है।

सम्प्रति : नवल प्रयास, शिमला के राष्ट्रीय अध्यक्ष; डी.ए.वी., दिल्ली की प्रबन्धन समिति के निर्वाचित सदस्य तथा इंस्टिट्यूट ऑफ़ ह्यूमन राइट्स, दिल्ली में विज़िटिंग प्रोफ़ेसर।

सम्पर्क : vinjisha55@yahoo.co.in

पत्ते चिनारों के

डॉ. विनोद प्रकाश गुप्ता 'शलभ'

राधाकृष्ण पेपरबैक्स

राधाकृष्ण पेपरबैक्स में
पहला संस्करण : 2025

राधाकृष्ण पेपरबैक्स : उत्कृष्ट साहित्य के जनसुलभ संस्करण

राधाकृष्ण प्रकाशन प्रा. लि.
जी-17, जगतपुरी
दिल्ली-110 051
द्वारा प्रकाशित

शाखाएँ : अशोक राजपथ, साइंस कॉलेज के सामने, पटना-800 006
पहली मंजिल, दरबारी बिल्डिंग, महात्मा गांधी मार्ग, प्रयागराज-211 001
1, अनमोल सोराबजी सन्तुक लेन, धोबी तलाव, मरीन लाइंस, मुम्बई-400 002

वेबसाइट : www.radhakrishnaprakashan.com
ई-मेल : info@radhakrishnaprakashan.com

विकास कम्प्यूटर एंड प्रिंटर्स
ट्रॉनिका सिटी-201 102
द्वारा मुद्रित

मूल्य : ₹299

PATTE CHINARON KE
Ghazals by Dr. Vinod Prakash Gupta 'Shalabh'

ISBN : 978-93-49159-11-2

मेरे व्यक्तित्व को प्रभावित करनेवाली छह विशेष महिलाओं
मेरी माँ स्वर्गीय लाजवंती गुप्ता जिससे मुझे अनन्त भोलापन, विनम्रता व दृढ़ इच्छा शक्ति विरासत में मिले :

मेरी सासू माँ स्वर्गीय सीता देवी जिनका असीम स्नेह, कर्तव्यनिष्ठा, धैर्य व परिवार से लगाव उत्कृष्ट व प्रशंसनीय रहा :

मेरी चचेरी बहन स्वर्गीय सत्यवती (स्नेह एवं आदर से सत्या बोबो) मेरे बचपन से मेरी आदर्श रहीं जिनकी ईमानदारी, शुद्ध आचरण व निष्पक्षता मेरे लिए सदैव अनुकरणीय रही :

आदरणीय माँ कमला पाठक
(एम.ए. अर्थशास्त्र में मेरी सहपाठी रही अर्चना पाठक की माँ)
जिनकी जिजीविषा, अदम्य साहस और 95वें साल में अपने दम पर दिल्ली जैसी मेगासिटी में अकेले रहने की क्षमता किसी के लिए भी आदर्श है :

मेरी बड़ी भाभी स्वर्गीय प्रेम लता गुप्ता,मेरे लिए दूसरी माँ की तरह, जिसकी देख-रेख में मेरी प्रारम्भिक शिक्षा-दीक्षा सम्पन्न हुई और मैं आज जो भी बन पाया ये उसके प्यार और आशीर्वाद का प्रसाद है :

मेरी जीवनसंगिनी, शशि किरण (शशु) पिछले 50 वर्षों से मेरी कॉन्सशियंस कीपर, मेरी भाषा और सोच की अलमबरदार, तथा मेरे सृजन की उत्प्रेरणा: जिसके संसर्ग में जीवन सुखद व आनन्दमय है और सृजन की अविरल धारा निर्बाध बह रही है :

मेरा तीसरा ग़ज़ल संग्रह 'पत्ते चिनारों के' इन छहों महान अद्भुत विभूतियों को समर्पित है।

क्रम

जीवन के उल्लास और उमंगों का गौरवगान : 'पत्ते चिनारों के'

ग़ज़ल ने अपने पारम्परिक स्वरूप के विकास के साथ वैयक्तिकता से वस्तुपरकता का सफ़र तय करते हुए, प्रखर अभिव्यक्ति व सहज सम्प्रेषण शक्ति की ऊँचाइयों को छुआ है। वैचारिकता, प्रतीकात्मकता, सांकेतिकता, तग़ज़्ज़ुल व शेरियत जैसे ग़ज़ल विधा के प्राण तत्त्व निरन्तर विकसित हुए हैं। अरबी, फ़ारसी से उर्दू व उर्दू से हिन्दी और हिन्दी की तमाम उपबोलियों में भी सदियों से ग़ज़ल कही जा रही है। यह बात ग़ज़ल की रचनात्मक पूर्णता के पक्ष में जाती है। कला और साहित्य की अन्य विधाएँ अगर अपने आप में पर्याप्त और पूर्ण होने का दावा करती हैं तो हाँ, ग़ज़ल भी रचनात्मक रूप में पर्याप्त और पूर्ण है। सड़क से संसद तक ग़ज़ल के शे'रों का दोहे और चौपाई की तरह उद्धृत किए जाने का गुण, ग़ज़ल विधा की अप्रतिम सम्प्रेषण शक्ति व प्रभावोत्पादकता का परिचायक है। मानवीय अनुभव जगत का कोई विषय, विमर्श अथवा प्रश्न ऐसा नहीं है जो समकालीन ग़ज़ल के विशाल कैनवस पर न उभरता हो।

डॉ. विनोद प्रकाश गुप्ता 'शलभ' समकालीन ग़ज़ल परिदृश्य में जाना-पहचाना और चर्चित नाम है। हिमाचल प्रदेश के नाहन ज़िला सिरमौर में जन्मे बहुमुखी प्रतिभा से सम्पन्न व्यक्तित्व, भारतीय प्रशासनिक सेवा के वरिष्ठ सेवानिवृत्त अधिकारी, उत्कृष्ट कवि, अनुवादक, समीक्षक, एवं शे'र कहने की नैसर्गिक प्रतिभा, प्रखर संवेदना,और सहज व पारदर्शी अभिव्यक्ति से सम्पन्न ग़ज़लकार हैं। आपने ग़ज़ल के परिवेश व परिष्कार की परम्परा में रच-बस कर लगभग तमाम शीर्षस्थ शायरों व ग़ज़लकारों की ग़ज़लों का निरन्तर अध्ययन करते हुए, एक जिज्ञासु व 'मेधावी शिष्य' की तरह व्याकरण और वर्तनी के आधारभूत नियमों के ज्ञानार्जन और शे'र कहने की

अपनी नैसर्गिक प्रतिभा से अभिव्यक्ति के नयेपन के साथ ग़ज़ल कहने के अपने स्वप्न को साकार किया है, जिसकी सुखद परिणति उनकी सहज सम्प्रेषण-सम्पन्न उत्कृष्ट ग़ज़लें हैं।

उल्लेखनीय है कि मात्र तीन वर्षों में ग़ज़ल विधा के कथ्य और शिल्प की बारीकियों को आत्मसात करके ग़ज़ल कहना आरम्भ करके वर्ष 2019 में अपने प्रथम ग़ज़ल-संग्रह "आओ नई सहर का नया शम्स रोक लें' के प्रकाशन के साथ समकालीन हिन्दी ग़ज़ल परिदृश्य में अपनी उत्कृष्ट उपस्थिति अंकित करवाई है। इस संग्रह में 'मेरा पक्ष' शीर्षक से ग़ज़लकार का आत्मकथ्य भी ग़ज़ल और ग़ज़ल की बारीकियों का महत्त्वपूर्ण दस्तावेज़ है। यह संकलन हिन्दी ग़ज़ल की पहचान को निर्धारित करने में सहायक कुछ महत्त्वपूर्ण ग़ज़ल-संग्रहों की श्रेणी में स्थान पानेवाला एक उत्कृष्ट ग़ज़ल संकलन है।

ग़ज़ल को "पारम्परिक कविता से चार क़दम आगे चल रही कविता का कविता-कथन" माननेवाले ग़ज़लकार 'शलभ' की ग़ज़लें देश और दुनिया को बेहतरीन बनाने की शुभ्र भावना से ओत-प्रोत हैं। आप स्तब्ध कर देनेवाली गतिशीलता के साथ निरन्तर सृजनरत हैं और अपनी शाइरी में साहसपूर्ण अभिव्यक्ति के नये स्तर, नये प्रतिमान स्थापित करते चले आ रहे हैं।

प्रस्तुत ग़ज़ल-संग्रह 'पत्ते चिनारों के' डॉ. विनोद प्रकाश गुप्ता 'शलभ' का तीसरा ग़ज़ल-संग्रह है जिसमें विकराल कोरोना काल में उनके द्वारा रचित 320 ग़ज़लों की दूसरी क़िस्त के रूप में 101 ग़ज़लें संकलित हैं।

इससे पूर्व वर्ष 2022 में प्रकाशित उनका दूसरा ग़ज़ल-संग्रह 'बूँद-बूँद ग़ज़ल' कोरोना काल में रचित उनकी पहली 101 ग़ज़लों का संकलन है। मुझे 'शलभ' साहिब की कोरोना काल तथा उसके बाद से वर्तमान तक लिखी अधिकांश ग़ज़लों का प्रथम पाठक होने का सौभाग्य प्राप्त हुआ है।

आपदा में अवसर तलाशती राजनीति व बाज़ार-व्यवस्था की आत्म-मुग्ध महत्त्वाकांक्षाओं द्वारा जले पे नमक छिड़कने के उपक्रम पर उनका आक्रोश और क्षोभ सहज अभिव्यक्ति पाता है। ये ग़ज़लें हमारे क्रूर वर्तमान की धड़कने हैं और कहना होगा कि ये ग़ज़लें जागरूक व सजग फ़ोटोग्राफ़र के सचेतक फ़ोटो शूट जैसी, विभिन्न विमर्शों के अनंत आकाश की झलकियों को प्रस्तुत करती हुई ग़ज़लें हैं।

क्रूर कोरोनाकाल की विभीषिका से उपजी हतप्रभ करनेवाली असह्य वेदना इन ग़ज़लों के पार्श्व में है जो समग्रता और प्रभावोत्पादकता के साथ शे'रों में अभिव्यक्त हुई है—

बड़े विध्वंस की दस्तक सुना दी पूरी दुनिया को,
धरा कब तक 'शलभ' अपनी अज़ीयत देखती रहती

इस तरह पतझड़ में पत्ते छोड़कर जाने लगे हैं,
टहनियों के दर्द की आवाज़ भी आती नहीं है।

जल चुके लाखों-ही लेकिन रोशनी अब भी नहीं है,
इन चिताओं की कभी भी तिश्नगी बुझती नहीं है।

कौन दुश्मन है यहाँ किसको मैं अपना मानूँ,
कोई मिल जाए जिसे अपना मसीहा मानूँ।

जुगनुओं से तो नहीं मिटते अँधेरे हरगिज़,
कैसे अब शब के धुँधलके को सवेरा मानूँ।

इस धरा का भविष्य क्या होगा,
इस पे भी अब क़यास है साथी।

हर तरफ़ छाई कितनी वीरानी,
अब न कोई उजास है साथी।

हम हैं मिट्टी के बर्तनों की तरह,
आम कोई न ख़ास है साथी।

कौन आए हमें बचाने को,
अब किसी से न आस है साथी।

हवा में ख़ौफ़ तारी है 'शलभ' अब,
अजब माहौल में बेचारगी है।

उनकी ग़ज़लें अनन्य सम्प्रेषण-सम्पन्नता, उद्धरणीयता, पढ़ते ही स्मरण हो जाने की ख़ूबी और प्रभावोत्पादकता के कारण अभिव्यक्ति की प्रखरता का सुखद प्रमाण हैं।

'शलभ' जी की ग़ज़लें क़ानून, अर्थशास्त्र, गांधी-दर्शन, मानवाधिकार, पत्रकारिता जैसे विषयों के मर्मज्ञ, विश्व भर के उत्कृष्ट साहित्य के गहन अध्येता, कवि हृदय प्रशासनिक अधिकारी और जनवादी विचारों के प्रबल समर्थक की अनुभव-सम्पन्न दृष्टि और सजग लेखनी से हमारे वर्तमान की वस्तुपरक समीक्षा हैं, जिनमें देश और दुनिया के सिरधरों के द्वारा अपने-अपने गढ़े हुए साक्ष्यों के आधार पर रचे जा रहे इतिहास के समानान्तर एक और इतिहास और वर्तमान अभिव्यक्ति पाता है। शलभ जी की ग़ज़लें हमारी सामाजिक, राजनीतिक व्यवस्था के दोग़लेपन और दरारों का सूक्ष्म दर्शन भी हैं, जिन्हें देश के नियन्ताओं व कर्णधारों के द्वारा निरन्तर मीडिया और विज्ञापनों की चकाचौंध में छुपाने के प्रयास किए जाते हैं।

किसी भी आपदा अथवा महामारी के मौसम की मार का सबसे पहला शिकार दरिद्र और वंचित ही होता है—

आलम वो मुफ़लिसी का मुक़द्दर भी रो पड़े,
पाँवों के छाले देख के पत्थर भी रो पड़े।

पीना है बस आमजनों को अक्सर वक़्त का विष
उनको तो हर काल में केवल मरना होता है।

लोकतंत्र हो, तानाशाही या शासन राजा का
हर इक 'व्यवस्था' में मुफ़लिस को पिटना होता है।

पीटती है हर हुकूमत ढोल वंचित के सदा,
मुफ़लिसों की ख़्वाहिशों पर तो जड़े ताले रहे।

आप के इलहाम से तो अफ़रा-तफ़री मच गई,
मुफ़लिसों की रोज़ी-रोटी, जान, फिर छप्पर गया।

भौतिकता के वशीभूत व्यक्ति की अन्तरात्मा की अनसुनी आवाज़, सत्ता के उजाले पर सदा अपना आधिपत्य कायम रखने के लिए धर्मभीरु अवाम की आस्थाओं का निरन्तर दोहन करते आ रहे धर्म और राजनीति की परस्पर निर्भरता और साँठ-गाँठ से उपजी दुरस्थितियाँ, व्यापक सामाजिक, आर्थिक विषमता, दिशा विहीन युवा आक्रोश, मुफ़लिस, आधी आबादी, मेहनतकश मज़दूर और किसान की संघर्ष गाथा, उपभोक्तावाद व बाज़ारवाद की संस्कृति में मानवीय मूल्यों का ह्रास, लोकतांत्रिक मर्यादाओं का अवमूल्यन, मनुष्य को कठपुतली में परिवर्तित किए जाने का उपक्रम, व्यक्तित्वलोप, प्रत्येक समस्या के समाधान का दावा करते हुक्मरानों की कथनी व करनी की असमानता, देश के सिरधरों के मासूमियत के मुखौटों के पीछे का क्रूर चेहरा, साम्प्रदायिक शक्तियों के दबाव में कबीलों में सिमटने को विवश दुनिया, लोकतंत्र के सजग प्रहरी चौथे स्तम्भ के बिकाऊ हो जाने की वेदना, आवश्यक परिस्थितियों में फ़नकारों और अदीबों की प्रतिवादहीनता तथा और भी ऐसे कितने ही विमर्श योग्य विषय उनके शेरों में सफल अभिव्यक्ति पाते हैं। मानवता से जुड़ा शायद ही कोई विषय अथवा विमर्श उनकी ग़ज़लों के विस्तृत कैनवस पर उभरने से रह गए हों। कुछ और शे'र—

हर किसी की शख़्सियत गुम है तेरे बाज़ार में,
हर तरह का झूठ ही अब छप रहा अख़बार में

इस आदमी के लोभ की कुछ हो दवा 'शलभ',
अपने ज़मीर से भी सवालात कर सके

हो रहा है हर किसी पे दोषारोपण,
देश अपना कटघरा क्यों हो गया है

झूठ की पर्तों में देखो आजकल सच क़ैद है,
मकड़ियों के ही 'शलभ' उस पर सने जाले रहे

पूछता है दस मुखौटे बाँध के रावण,
'मेरे दर्दो ग़म बँटाने कौन आएगा।'

धर्म की आड़ ही लुटेरों को,
मुख़्तसर 'ब्रह्मज्ञान' होती है।

समरसता और सद्भाव की नदी के निरन्तर प्रयासवश सुखाए जा रहे किनारों को लेकर शायर की सहज प्रश्नवाचकता इस शे'र में देखी जा सकती है—

जिसके पानी से हरे हो जाएँ दोनों ही किनारे,
इस तरफ़ अब क्या कोई ऐसी नदी बहती नहीं है?

दोस्तों और दोस्ती विषय पर यह अप्रतिम शे'र—

हर इक दुख दर्द में ये दोस्त ही तो काम आते हैं,
सुदामा की सदा पर जिस तरह घनश्याम आते हैं।

अपनी ग़ज़लों के मक़्ते में डॉ. विनोद प्रकाश गुप्ता अपने तख़ल्लुस (उपनाम) 'शलभ' का अर्थपूर्ण से ढंग से प्रयोग करते हैं। ढाई आखर में असीम भंगिमाएँ समेटनेकर रखनेवाला वर्णनातीत भाव 'प्रेम' अथवा इश्क़ भी अपने लौकिक व अलौकिक स्वरूप में इस संकलन की ग़ज़लों के आधार में है। 'शलभ' (परवाने) का जीवन की शम्अ के लिए जुनून उनके शे'रों की शक्ति है।

मनुष्य के हाथों प्रकृति पर्यावरण और परिवेश के साथ खिलवाड़ का स्वरांकन व छायांकन देखिए—

नंगे पहाड़ हो रहे, दरिया रहे हैं सूख,
अपनी ज़लालतों पे ये मंज़र भी रो पड़े।

नदी की गोद में कितने खनिज थे, सिरफिरों ने तो,
ज़रा से लोभ की ख़ातिर वो सब मंज़र बहा डाले।

जिन पहाड़ों से निकलती नहीं कोई नदियाँ,
भुरभुरा जाते हैं वो, धार बदल जाती है।

पहाड़ों को कभी तुम दर्दे-दिल अपना सुनाओ तो,
उन्हीं चट्टानों से मकरन्द का झरना निकलता है।

सोचा था पहाड़ों में कहीं दूर बसेंगे,
मौसम तो पहाड़ों के अब अंगार हुए हैं।

अब नहीं पर्वत रहे चट्टानों जैसे,
रेत के टीलों में बोलो क्या धरा है।

इन पर्वतों-पहाड़ों की इज़्ज़त किया करो,
रूठे जो सदियों तुमको रुलाएँगे देखना।

ये ग़ज़लें हमारे वर्तमान के अभिशप्त और संतप्त जीवन की संश्लिष्ट सच्चाइयों की अभिव्यक्ति के साथ-साथ मनुष्य के जीवट, उसकी अदम्य जिजीविषा व जटिल परिस्थितियों में जीवन के उल्लास और उमंगों का गौरवगान भी हैं—

मौत पंछी की जब उड़ान में हो,
ऐसे मरने में शान होती है।

यूँ ही बैठे थककर, यह तो धर्म नहीं उसका
पंछी को तो जीवट के संग उड़ना होता है।

परिन्दा वो नहीं हूँ मैं जो थककर बैठ जाएगा,
तुम्हारे आसमानों में ठिकाना कर लिया मैंने।

रास्ता तो जानता है मील-पत्थर का सुकून,
मील-पत्थर ही सफ़र का हौसला होते गए।

इरादों से भरे पंछी का फिर तुम हौसला देखो,
वो किस अन्दाज से मीलों तलक परवाज़ भरता है

दिन में निकल के देखिए सूरज के साथ-साथ,
सूरज सा जल के देखिए सूरज के साथ-साथ।

देता जगत को ज़िन्दगी लावा निगल के वो,
लावा निगल के देखिए सूरज के साथ-साथ।

'ख़ुद जले बिन क्या मिलेगा' सूर्य ने मुझसे कहा,
पाँव को फिर इक सुलगता आबला मैंने किया।

सूर्य है जीवन का उद्‌गम, और 'शलभ' उसका पुजारी,
उसकी गरिमा-सा उदय हो, शाम सूरज-से ढलें हम।

ग़ज़ल के मक़्ते में शायर के तख़ल्लुस के सार्थक प्रयोग—

सियासी दहशतें बेशक बदल देती हैं जनता को,
'शलभ' जी! शम्अ के आशिक़ तो बस जलकर बदलते हैं।

जो हमारी रूह में दीपक-सा जलता है 'शलभ',
हम उसी के नूर से अहले-वफ़ा होते गए।

यही तो इश्क़ में है शम्अ के उन्हें हासिल
'शलभ' वो जल के वफ़ाएँ निभाए फिरते हैं।

एक फ़क़ीर की दुआओं जैसी अभिमंत्रित शायरी के विविध रंग इस संग्रह को भी अभूतपूर्व बनाते हैं। एक सचेतक की भूमिका निभाते हुए, इन ग़ज़लों को उन्होंने मानव कल्याण के लिए सम्पूर्ण परिवर्तनकामी चेतना के साथ रचा है।

ये ग़ज़लें हमारे समय के सामाजिक राजनीतिक व आर्थिक व धार्मिक परिवेश की नवीनतम प्रवृत्तियों की मुखर प्रतिध्वनि तो हैं ही,मानवीय सहनशीलता की सीमाओं के टूटने को उद्यत तटबंधों की चेतावनी भी हैं।

शलभ जी की ग़ज़लें यथार्थबोध के थपेड़ों के साथ मन-मस्तिष्क को झिंझोड़ती हैं, तो प्रकृति के प्रति प्रेम के संगीत से झंकृत भी करती हैं। '...पत्ते चिनारों के' जैसी आकर्षक परन्तु चुनौतीपूर्ण रदीफ़ के साथ 'शलभ' साहिब ने एक और अप्रतिम ग़ज़ल कही है। प्रस्तुत संकलन का शीर्षक भी यही है। प्रकृति प्रेमी दार्शनिक के सौन्दर्यबोध का पता देते ये शे'र—

कई रंगों में खिलकर ये बहारों में चमकते हैं,
न केवल पैरहन, दस्तार हैं पत्ते चिनारों के।

वनों, नदियों, पहाड़ों, वादियों, झरनों की संगत में,
धरा का जादुई श्रृंगार हैं, पत्ते चिनारों के।

तटों पर झील के जब नृत्य-रत लहरों के संग झूमें,
तो फिर अभिसार-रत मनुहार हैं, पत्ते चिनारों के।

'शलभ' साहिब की ग़ज़लों में मानवता के पक्ष में सुविचारित तर्क, पुकार और प्रार्थनाएँ हैं। अभिनव अभिव्यक्ति से सम्पन्न एक और सशक्त ग़ज़ल-संग्रह के लिए उन्हें हार्दिक शुभकामनाएँ!

31 अगस्त, 2024

—द्विजेन्द्र 'द्विज'

अपनी बात

'बूँद-बूँद ग़ज़ल' मेरे दूसरे ग़ज़ल संग्रह की पृष्ठभूमि से आगे :

मेरा पहला ग़ज़ल संग्रह, 'आओ नई सहर का नया शम्स रोक लें' वर्ष अगस्त 2019 में लोकार्पित हो मेरे पाठकों तक पहुँच चुका है और विस्तृत रूप से चर्चाओं में रहा। फिर कोरोना काल में, जैसा मैंने अपने दूसरे ग़ज़ल संग्रह 'बूँद-बूँद ग़ज़ल'

की भूमिका में माना कि मई / जून 2020 से मार्च 2021 तक के 10/11 महीनों में मैं लगभग 320 (बाद में कोई 92वें ग़ज़लें और तसव्वुर हुईं) ग़ज़लें कह पाया जिसे हर दिन मेरे ग़ज़ल मेंटर (ग़ज़ल संरक्षक व परामर्शदाता) प्रिय श्री द्विजेन्द्र द्विज (देश के सुप्रसिद्ध व चर्चित शाइर व साहित्यकार) ने अपनी सलाहों से नवाज़ा। हर ग़ज़ल उनके दस्त-ए-करम से होकर गुज़री। द्विज साहेब के बाद ये सभी ग़ज़लें मेरे ग़ज़ल गुरु आदरणीय विजय स्वर्णकार जी के सूक्ष्म परीक्षण से जाँच-परख के बाद संकलन का हिस्सा बनी। वस्तुतः इस काल में ये सभी ग़ज़लें रोपित हुई, अंकुरित हुई, लहलहाई और काट कर गोदाम में भरी गई, जो अब चार संग्रहों में समेटकर आप सब मित्रों के समक्ष परोसने का समय आ गया है, जिस कड़ी का पहला संग्रह, 'बूँद-बूँद ग़ज़ल' मैं आपके समक्ष वर्ष 2022 में प्रस्तुत कर चुका हूँ। 'बूँद-बूँद ग़ज़ल' इस कड़ी का पहला व मेरा दूसरा ग़ज़ल-संग्रह है जिसे सुप्रसिद्ध राजकमल प्रकाशन समूह के राधाकृष्ण प्रकाशन से प्रकाशित होने का गर्व प्राप्त हुआ तथा जिसका लोकार्पण कोलकाता, शिमला, मुम्बई व नोएडा दिल्ली में किया गया। बूँद बूँद ग़ज़ल को आपका भरपूर प्यार मिला जिसके लिए मैं पाठकों व आलोचकों का बहुत-बहुत शुक्रिया करता हूँ।

इन सभी ग़ज़लों के पीछे कोरोना काल व उसके कुप्रभाव की पृष्ठभूमि रही। इस दौरान मन निरन्तर शंकाओं से उद्वेलित व उद्विग्न रहा,

एक डर बैठ गया था जह्न में। उन नाना प्रकार की परिस्थितियों को मन बहुत ही तीक्ष्ण तरीक़े से महसूस कर रहा था। सामाजिक व आर्थिक परिवेश बहुत तेज़ी से बदल रहे थे और अनवरत कुछ-न-कुछ घटित हो ही रहा है—जैसे तीसरी/चौथी लहर की दहशत। लॉकडाउन की वजह से जिस प्रकार मज़दूरों और असंगठित क्षेत्र के दैनिक भोगी व दूसरे कम वेतन भोगी कर्मचारियों का विस्थापन हुआ वो दिल हिला देनेवाला रहा; हज़ारों कर्मचारियों की नौकरियाँ समाप्त हो गईं, असंगठित क्षेत्र के लाखों कर्मचारियों व महिलाओं को भुखमरी का सामना करना पड़ा, वेतन घट गए, व्यवसायों को अभूतपूर्व नुक़सान उठाना पड़ा। कोरोना की दूसरी लहर से निपटने के लिए सरकारें तैयार नहीं थीं जिसकी वजह से लाखों लोगों को जान से हाथ धोना पड़ा। ऑक्सीजन की कमी ने देशवासियों की मुश्किलों को और बढ़ा दिया—गंगा में बहती लाशों ने देश की आत्मा को शाश्वत रूप से घायल कर दिया। सियासत हर बात पर जुमले उछालती रही, समाज का ध्रुवीकरण, हिन्दू-मुसलमानों के बीच निरन्तर बढ़ती खाई, अन्ध भक्तों की भीड़ तंत्र के फ़ैसले, विरोधी स्वरों पर पुलिस व प्रशासनिक तंत्र से कसते शिकंजे, देशद्रोह व विभिन्न क़ानूनी धाराओं के बेजा इस्तेमाल ने हमारी लोकसत्ता को लगभग धराशायी कर दिया है। महामारी के क़हर ने को देश बुरी तरह जकड़ लिया है : जीडीपी की गिरावट इस बात का संकेत है कि स्थिति अभी सुधरने में देर लगेगी। देश को कईं ज्वलंत मसलों ने अपनी गिरफ़्त में ले रखा है, किसानों का आन्दोलन, सीएए, अफ़ग़ानिस्तान की समस्या, चीन से भारत का सीमा विवाद, पाकिस्तान से और भी ख़राब होते रिश्ते, चीन का पड़ोसी देशों पर बढ़ता प्रभुत्व व ग़रीबों और अमीरों के बीच तेज़ी से बढ़ता अमीरी-ग़रीबी का फ़ासला, 83 करोड़ मज़दूरों व ग़रीबों की भुखमरी और सरकार का इन ज्वलंत मुद्दों से आँखें मूँदें रखना या उतना प्रयास नहीं करना जितना अपेक्षित था : आनेवाले ख़तरनाक समय की ओर इशारा कर रहा है।

मेरे अन्दर का कवि, शायर, साहित्यिक संवेदनाओं को हृदय से महसूस करनेवाला व्यक्ति, आहत है, हताश है और हतप्रभ भी, सरकारी उदासीनता व तटस्थता को लेकर और ये देखकर भी की सरकार अपने ध्रुवीकरण के मंसूबों को कितनी तत्परता, चतुराई व दक्षता से आगे बढ़ा रही है। लोकतंत्र की जड़ें कट रही हैं, विरोध के स्वर किसी भी तरीक़े से घोटे जा रहे हैं,

अभिव्यक्ति की स्वतंत्रता लगभग नगण्य रह गई है, सरकार पर संवैधानिक नियंत्रण रखनेवाली महत्त्वपूर्ण संस्थाओं को हर प्रकार से रौंदा जा रहा हैं, प्रैस व न्यायिक स्वतंत्रता हास्य का बायस बन गई है और स्त्रियों को जुल्मों का पहिया यथावत और भी प्रमुखता से रौंद रहा है।

मेरे अन्दर का शायर इन सब विद्रूपताओं, विसंगतियों और विडम्बनाओं से परिचित है, और, और भी परिचित होता जा रहा है।

मेरा पूरा परिवार, चार स्थानों पर बिखरा होने के बाद, अन्ततोगत्वा एक घर में इकट्ठा हुआ और तब से लगातार मेरी कल्पनाओं, परिकल्पनाओं और मेरे साहित्यिक परों को परवाज़ दे रहा है।

मैं मेरी पत्नी व 50 वर्षों से मेरी अन्तरंग दोस्त शशु (शशि किरण) का अत्यधिक आभारी हूँ जो मेरे रास्ते से हर बाधा को हटा मेरा मार्ग साफ ही नहीं प्रशस्त भी करती जाती है—मेरी हर ग़ज़ल पर सबसे पहले मेरी पत्नी की ही प्रतिक्रिया मिलती है, कई ग़ज़लों के कथ्य को शशि ने बदलने का मशवरा दिया—जहाँ उनको शेर के तग़ज्जुल में ख़ामी नज़र आई उन्होंने बेबाक़ी से अपनी सलाह दी। मैं शशु की पैनी साहित्यिक समझ को नमन करता हूँ और उसके प्रति कृतज्ञ हूँ।

मेरी बेटी स्मृति, बेटे विवेक, बहू शाइना, मेरी बड़ी पोती मान्या व छोटी पोती शिवन्या का आभारी हूँ—इन सबने मेरा मनोबल बनाए रखा और मुझे अनवरत प्रेरित करते रहे।

मैं अपनी 10 वर्ष की छोटी पोती शिवन्या का विशेष रूप से आभारी हूँ जो मुझे सभी ऑनलाइन कार्यक्रमों से जोड़ती रही अन्यथा मेरे लिए इन कार्यक्रमों से जुड़ना असाध्य होता—उसी के ई-मेल आईडी व पासवर्ड से मैं कार्यक्रमों से जुड़ता था—शिवन्या दादू का तुम्हें बहुत-बहुत प्यार और शुक्रिया।

मैं अपने अनुज नानक चन्द व उसकी पत्नी व मेरी मित्र व आलोचक प्रेम लता गर्ग का आभार व्यक्त करता हूँ—आप दोनों मेरे शाश्वत संबल हैं और सदैव रहेंगे। अनुजा, निशा-निशांत, का बहुत-बहुत शुक्रिया कदम-कदम पर मेरा साथ देने के लिए।

मैं उन सभी सम्पादकों के प्रति कृतज्ञ हूँ जिन्होंने अपनी-अपनी स्तरीय व सुप्रसिद्ध साहित्यिक पत्रिकाओं में मुझे निरन्तर स्थान दे मेरे सृजन को ज़िन्दा रखने में मेरा मनोबल लगातार बनाए रखा।

दीपा का आभारी जिसने इस संग्रह के प्रारूपों को तैयार करवाने में मेरी भरपूर मदद की।

पुनः अपने मेंटर द्विजेन्द्र द्विज व ग़ज़ल गुरु विजय स्वर्णकार के प्रति कृतज्ञ हूँ जिन्होंने इस संग्रह की 101 ग़ज़लों के चयन में मेरी भरपूर मदद की तथा क्रमशः भूमिका व ब्लर्ब भी लिखा।

मेरी विशेष कृतज्ञता, आदरणीय भाई अशोक महेश्वरी प्रबंध निदेशक राजकमल प्रकाशन समूह के प्रति प्रकट करता हूँ जिन्होंने इस संकलन को आकर्षक मूर्त रूप प्रदान कर प्रकाशित करने के लिए मेरा आग्रह स्वीकार किया।

मित्रों, पाठकों और मेरे चाहनेवालों, ये सभी ग़ज़लें ईश्वर का प्रसाद हैं : 'वो' इलहाम कराता गया मैं काग़ज़ पर उतारता चला गया। जो 'उसने' मनोमस्तिष्क में उकेरा, मन में उद्वेलित किया वही काग़ज़ पर उद्धृत हुआ, कैसे हुआ मैं नहीं जानता।

मेरी ग़ज़लें, इस ख़तरनाक काल जिसमें हम जी रहे हैं, का प्रतिनिधित्व करती हैं : अगर नहीं तो मेरे लेखन की कोई सार्थकता ही नहीं।

समसामयिक विषयों व वर्तमान कोरोना समय की अनेकानेक परिस्थितियों का प्रतिनिधित्व करता मेरा यह ग़ज़ल-संग्रह, 'पत्ते चिनारों के' और इसमें निहित 101 ग़ज़लें, मैं आप सब मित्रों व पाठकों को अर्पित करता हूँ, और आशा करता हूँ आपको मेरी ग़ज़लें पसन्द आएँगी व आपका भरपूर आशीर्वाद मुझे मिलेगा।

आमीन :

—डॉ. विनोद प्रकाश गुप्ता 'शलभ'
vinjisha55@yahoo.com

बहुत दिलकश, बड़े दिलदार हैं, पत्ते चिनारों के

बहुत दिलकश, बड़े दिलदार हैं, पत्ते चिनारों के,
किसी के इश्क़ में सरशार[1] हैं पत्ते चिनारों के।

कई रंगों में खिलकर ये बहारों में चमकते हैं,
न केवल पैरहन, दस्तार[2] हैं पत्ते चिनारों के।

कभी सर्दी के मौसम में ठिठुरते हाथ मलते हैं,
कभी जलते हुए रुख़सार हैं, पत्ते चिनारों के।

मुहब्बत में थके युगलों को देते छाँव प्यारी-सी,
जले दिल वालों को फटकार हैं, पत्ते चिनारों के।

वनों, नदियों, पहाड़ों, वादियों, झरनों की संगत में,
धरा का जादुई श्रृंगार हैं, पत्ते चिनारों के।

कभी सावन की रातों में बिखरती चाँदनी छन-छन,
सदा गाते मधुर मल्हार हैं, पत्ते चिनारों के।

तटों पर झील के जब नृत्यरत लहरों के संग झूमें,
तो फिर अभिसाररत मनुहार हैं, पत्ते चिनारों के।

---

1. लबालब भरे हुए, उन्मत्त, 2. पगड़ी

दहकती गर्मियों में है जो रक्तिम कहकशाँ सारी,
ख़ुदा के नूर का अवतार हैं, पत्ते चिनारों के।

कहाँ फिर आप पाएँगे 'शलभ', मयख़्वार इन जैसा,
बहुत अद्‌भुत बड़े फ़नकार हैं, पत्ते चिनारों के।

वो कब तक इश्क़ की नाकाम हिजरत देखती रहती

वो कब तक इश्क़ की नाकाम हिजरत[1] देखती रहती,
मुहब्बत किसलिए अपनी नदामत[2] देखती रहती।

हुकूमत जब ज़रा-सी बात पर लेने लगी बदले,
तो क्यूँ जनता भी यह कड़वी हक़ीक़त[3] देखती रहती।

फिर उसने रास्ता आख़िर चुना दो हाथ करने का,
ग़रीबी कब तलक उनकी ये वहशत[4] देखती रहती।

अदीबों के भी अन्तर्मन में थी प्रतिशोध की ज्वाला,
वो क्यूँ मजबूर-मुफ़लिस की ये ज़िल्लत[5] देखती रहती।

उसे पत्थर दिलों के बीच 'क्यों-कर' टूट जाना था,
तो उल्फ़त किसलिए अपनी मलामत[6] देखती रहती।

सियासी ग़लतियों की तो सज़ा सदियाँ भुगतती हैं,
वतन की ऐसी-तैसी क्या विरासत[7] देखती रहती।

---

1. पलायन, 2. शर्मिंदगी, 3. सच्चाई, 4. पागलपन, 5. अपमान, 6. निन्दा, 7. पीढ़ियाँ

निगहबानी में जिसकी सौ तरह फूलों को खिलना था,
'फ़िज़ा' क्या 'बाग़बाँ' की यह सियासत देखती रहती।

बड़े विध्वंस की दस्तक सुना दी पूरी दुनिया को,
धरा कब तक 'शलभ' अपनी अज़ीयत[1] देखती रहती।

---

1. दुख/दर्द/पीड़ा/यातनाएँ

एक ही करवट न रह करवट बदल कर देख ले

एक ही करवट न रह करवट बदल कर देख ले,
अब ग़मों की चादरों से तू निकल कर देख ले।

देख ले हर सू खिले हैं प्यार के मंज़र अनेक,
लम्हा-लम्हा ज़िन्दगी से भी बहल कर देख ले।

नफ़रतें बाँटेगा तो फिर नफ़रतें हाथ आएँगी,
उनके दिल से अपने दिल को ही बदल कर देख ले।

जिस तरह अपनी 'अना' के ताप को ढोता है तू,
यूँ अगर मर्ज़ी है तेरी यूँ भी जल कर देख ले।

यह धरा, आकाश, पर्वत, यह समुन्दर फिर कहाँ,
थाम ले जीवन की उँगली औ' मचल कर देख ले।

वो जो तेरा हमसफ़र है, वो ही सच संसार का,
वो ख़ुदा है उसके ही पैकर में ढल कर देख ले।

रंजिशें, शिकवे, गिले, काँटे हैं देंगे ही चुभन,
फूल बन जा ऐ 'शलभ'! ख़ुशबू में ढल कर देख ले।

इस धरा का शाश्वत श्रृंगार है मिट्टी

इस धरा का शाश्वत श्रृंगार है मिट्टी,
जीने-मरने का प्रबल आधार है मिट्टी।

कुछ नहीं उपजे बिना मिट्टी के जीवन में,
उसकी रहमत का अजब उपहार है मिट्टी।

हम भी मिट्टी के खिलौने हैं सभी समझो,
हम हैं जो गुलज़ार तो गुलज़ार है मिट्टी।

मिट्टी का ही बन के 'रब' अवतार में आया,
रब है जो फ़नकार तो फ़नकार है मिट्टी।

इस धरा को सन्तुलन मिट्टी ही देती है,
जल है, पर्वत है, कहीं अंगार है मिट्टी।

चाँद, ये सूरज, सितारे और ये सागर,
इनकी सोहबत से सदा दिलदार है मिट्टी

शाश्वत रहना, 'शलभ' दो टूक यह माँगे,
ज़र्रे-ज़र्रे की यहाँ हक़दार है मिट्टी।

ग़ैरों से इश्क़ करना और बार बार करना

ग़ैरों से इश्क़ करना और बार बार करना,
सीखे ज़माना उनसे दिल तार तार करना।

कुछ हौसला बढ़ाना जब तेरे दर पे आएँ,
नज़रें न फेर लेना मत दरकिनार करना।

'शीशे' भी इस फ़िज़ा में बस झूठ बोलते हैं,
मजबूरियों पे उनकी क्या रोज़गार करना।

जो उड़ गये परिन्दे कब घर को लौटते हैं,
यादों में उनकी ख़ुद को क्यों अश्कबार[1] करना।

मैं इन्तज़ार में हूँ, शब इन्तज़ार में है,
अब छोड़ मुन्तज़िर को तू बेक़रार[2] करना।

ख़ामोशियाँ जो तेरी नादाँ 'शलभ' न समझे,
ग़ज़लों में अपनी उनको तुम आश्कार[3] करना।

---

1. आँसू बहाना, 2. बेचैन, 3. व्यक्त/स्पष्ट

होता है जब कभी भी ये, बे-इख़्तियार दिल

होता है जब कभी भी ये, बे-इख़्तियार[1] दिल,
सुनिए! पुकारता है किसे बार बार दिल।

जलवानुमां हों जब कभी इसमें मोहब्बतें,
होता है अपने आप में ही इश्तहार[2] दिल।

खाए जो चोट प्यार में, नाकाम जब रहे,
अपने वजूद को ही करे संगसार दिल।

इस दिल की मेहरबानी पे क़ुर्बान जाइए,
दुश्मन के ग़म में होता है ये अश्कबार दिल।

इस दिल के रास्तों पे न आए कोई कभी,
करता है कुल जहाँ को सदा होशियार दिल।

जब चाँद की तरह ये भी तन्हा ही रह गया,
तो दाग़दार-सा हुआ है सोगवार[3] दिल।

बेचैनियों में इश्क़ की ढूँढ़ा किया सुकून,
गलियों में तेरी दर-ब-दर ये ख़ाकसार दिल।

अब तेरी रहमतों से ये सरशार है बहुत,
नाज़ुक 'शलभ' का देख तो है ग़मगुसार दिल।

---

1. लाचार / मजबूर, 2. विज्ञापन, 3. दुखी

कुछ तो करो कि तुमसे कोई बात कर सके

कुछ तो करो कि तुमसे कोई बात कर सके,
कैसे तुम्हारे नाम ये जज़्बात कर सके।

अब इश्क़ में तकल्लुफ़ों से क्यूँ निबाह हो,
तू भी तो अपने आप इनायात कर सके।

रूठे खड़े पहाड़ फ़िज़ाएँ उदास हैं,
स्वच्छंद मन कब उनसे मुलाक़ात कर सके।

अब तो जुनून वाला कोई फ़लसफ़ी नहीं,
विष पी के जो यक़ीन को सुकरात कर सके।

ये ज़िन्दगी है सिम्फ़नी, सुर ताल प्यार का,
हमदर्द के सुरों को जो नग़मात कर सके।

नदियों के डर को देख सागर है सोच में,
जीवंत कैसे पहले से हालात कर सके।

इस आदमी के लोभ की कुछ हो दवा 'शलभ',
अपने ज़मीर से जो सवालात कर सके।

लम्हा-लम्हा उदास है साथी

लम्हा-लम्हा उदास है साथी,
एक तिनका न पास है साथी।

आदमी आदमी से डरता है,
ये अनोखा ही त्रास है साथी।

कैसे निर्वाण अब मिलेगा हमें,
किसको इसका क़यास है साथी।

अब तो 'मिट्टी-बरान' निश्चित है,
अब न होशोहवास है साथी।

क्या ये होना है वाक़ई होना,
अब तो ये भी क़यास है साथी।

हर तरफ़ छाई कितनी वीरानी,
अब न कोई उजास[1] है साथी।

हम हैं मिट्टी के बर्तनों जैसे,
आम कोई न ख़ास है साथी।

---

1. रोशनी

कौन आए हमें बचाने को,
अब किसी से न आस है साथी।

सूर्य दिन में अकेले जलता है,
चाँद भी महव-ए-यास[1] है साथी।

---

1. दुख में डूबा हुआ

पंच तत्त्वों का कोई उत्तर नहीं है

पंच तत्त्वों का कोई उत्तर नहीं है,
इस धरा पर जो है वो ऊपर नहीं है।

इस जहाँ में यूँ तो कुछ दुष्कर नहीं है,
हाँ, मगर उपलब्ध भी हँसकर नहीं है।

भूख लालच वासना और प्रेम धोखे,
ज़िन्दगी में इससे कुछ हटकर नहीं है।

बेवफ़ा तो और हैं, बस हम हैं सच्चे,
सोच इससे तो कोई बदतर नहीं है।

इक धरा है, एक जीवन, इक 'उजाला',
उस जहाँ में एक भी दिनकर नहीं है।

एक जीवन है मिला तुमको धरा पर,
कहकशाँ में कुछ भी श्रेयस्कर नहीं है।

मुफ़लिस का जीना भी दुष्कर ऐसा होता है

मुफ़लिस का जीना भी दुष्कर ऐसा होता है,
नर्म बिछौने में सोना तो सपना होता है।

यूँ ही बैठे थक कर, यह तो धर्म नहीं उसका,
पंछी को तो जीवट होकर उड़ना होता है।

टेढ़ी होती है हर चाल ही पैसे वालों की,
उनको तिजोरी में छुप कर ही रहना होता है।

अपनी आदत से फिर बैठे बरगद के उल्लू,
उनको रात के पहलू में अब सोना होता है।

करती हैं इसरार चाँद से किरनें तो लेकिन,
हरजाई को छुट्टी पर भी जाना होता है।

लोकतंत्र हो, तानाशाही या शासन राजा का,
हर इक 'व्यवस्था' में मुफ़लिस को पिटना होता है।

राम है मुँह में, छुरी बग़ल में, कैसे बचें उन से,
ख़ून उन्हें तो जनता का ही पीना होता है।

तितली से या गुल से 'शलभ' को क्या मतलब होगा,
शम्अ की पुरसिश में उसको तो जलना होता है।

दोस्ती में फ़ासला क्यों हो गया है

दोस्ती में फ़ासला क्यों हो गया है,
दुश्मनी से राब्ता क्यों हो गया है।

है नहीं गठजोड़ जब नेता-पुलिस का,
'उनका' फिर 'वो' रहनुमा क्यों हो गया है।

अब भी धनपतियों को है धन की तवक़्क़ो,
ये अनोखा सिलसिला क्यों हो गया है।

रोशनी की भी वकालत हो रही पर,
तीरगी का दबदबा क्यों हो गया है।

हर किसी पर हो रहा है दोषारोपण,
देश अपना कटघरा क्यों हो गया है।

फूल-काँटे, बाग़-भँवरे हैं व्यथित सब,
ये नज़ारा आम-सा क्यों हो गया है।

दीप को जलना है जलता ही रहेगा,
पर 'शलभ' अब अनमना क्यों हो गया है।

नहीं रौशनी मिली है, कभी तीरगी के बाइस

नहीं रौशनी मिली है, कभी तीरगी के बाइस,
तुझे दो जहाँ मिले हैं, तेरी मुख़बिरी के बाइस।

करे अपने नाम शोहरत, की जो मैंने, तुमने अर्जित,
सरे आम सब को लूटे, किसी तिश्नगी के बाइस।

जो जहाज़-ए-इश्क़ मेरा जा लड़ा तलातुमों से,
तो वो चुटकियों में डूबा, तेरी बेरुख़ी के बाइस।

तेरी शाने-बेनियाज़ी कभी तोड़ मैं न पाया,
तेरा दम्भ जा के टूटा, तेरी बरहमी के बाइस।

मुझे सब मिला जहाँ में, तेरा प्यार और मुरव्वत,
है मेरा ख़ुलूस क़ायम, तेरी बन्दगी के बाइस।

मुझे आईनों के सदके, जो मैं था वही दिखाया,
नहीं था कोई मुखौटा, मेरी शाइरी के बाइस।

ऐ 'शलभ' ज़रा सँभलना, कि ख़याल उनका करना,
वो जो लोग थक के बैठे, तेरी रहज़नी के बाइस।

सबको तावीज़ बाँधता है वो

सबको तावीज़ बाँधता है वो,
कोरे सपनों का झुनझुना है वो।

झूठ का ऐसा सिलसिला है वो,
सच के पाँओं का आबला है वो।

सबकी नब्ज़ें टटोलता रहता,
बातें 'प्रतिशत' में बोलता है वो।

सब परख करके चोर-नज़रों से,
मन के पत्तों को खोलता है वो।

रास आते नहीं उसे पहिये,
एक पथरीला रास्ता है वो।

जो वो कहता है वो नहीं करता,
नीम पागल है, बावरा है वो।

शम्अ होती तो देखते भी 'शलभ'
बेमुरव्वत-सा आईना है वो।

बेख़बर भी कौन था, गर वे ख़बर पाले रहे

बेख़बर भी कौन था, गर वे ख़बर पाले रहे,
'झूठ को सच' कहने वाले ही नज़र वाले रहे।

हर सियासत में उसे पिसना था, वो पिसता रहा,
हर घड़ी दहकान[1] को ही जान के लाले रहे।

पीटती है हर हुकूमत ढोल वंचित के सदा,
मुफ़लिसों की ख़्वाहिशों पर तो जड़े ताले रहे।

मंज़िलों के रास्ते तीखे कँटीले थे मगर,
अनवरत चलते रहे हम पाँवों में छाले रहे।

बोल मीठे उनके सब तो थे निरादर से भरे,
तंज के वो तीर तो मन में धँसे भाले रहे।

पाँव छूते हाथ जोड़े रात-दिन मिलते हैं लोग,
कौन है अब बेग़रज़ जब सब ग़रज़ वाले रहे।

झूठ की पर्तों में देखो आजकल सच क़ैद है,
मकड़ियों के ही 'शलभ' उस पर सने जाले रहे।

---

1. किसान

ज़िन्दगी इक ख़ूबसूरत हादसा है

ज़िन्दगी इक ख़ूबसूरत हादसा है,
ये ख़ुदा की नेमतों का फ़लसफ़ा है।

दर्द हों, शिकवे हों या हो फिर अदावत,
शौक़ फरमाएँ सफ़र में जो मिला है।

अपना ही चेहरा कहाँ पहचानते सब,
दूसरों पर अनवरत बस तब्सिरा है।

जो मेरी क़िस्मत में आई ख़्वाब बन कर,
इक उसी सूरत में मेरा मन रमा है।

जिस 'शलभ' ने शम्अ से लौ छीन ली थी,
मैं नहीं हूँ वो, वो कोई दूसरा है।

इश्क़ की भी अज़ान होती है

इश्क़ की भी अज़ान होती है,
आँख कब बे-ज़ुबान होती है।

मौत पंछी की जब उड़ान में हो,
ऐसे मरने में शान होती है।

टस से मस भी नहीं वो हो सकते,
जिन के हाथों कमान होती है।

सागरों की अनोखी है दुनिया,
ख़ुद में जो संविधान होती है।

धर्म की आड़ ही लुटेरों को,
मुख़्तसर 'ब्रह्मज्ञान' होती है।

बाज़-सी आँखों में रखो हिम्मत,
तब परों में उड़ान होती है।

जान देगा 'शलभ' अना के लिए,
यह अदा स्वाभिमान होती है।

मेरी आँखों में तेरी सूरत है

मेरी आँखों में तेरी सूरत है,
तेरी सीरत-सी तेरी ज़ीनत है।

दिल को तूने सकून है बख़्शा,
हर तरफ़ फैली तेरी रंगत है।

नस्लें सारी मिलेंगी ग़ारत में,
सर चढ़ी उनके कैसी फ़ितरत है।

सिर्फ़ ठुमकों से मुल्क चलते नहीं,
शिव के तांडव की अब ज़रूरत है।

हाथ मासूमों के थमा पत्थर,
रहनुमाओं की क्या ज़लालत है।

जब कहा वस्ल हँस के टाल दिया,
मुझको तुमसे बड़ी शिकायत है।

अपने शब्दों को बस में रखिए 'शलभ',
देश में 'अपनों' की हुकूमत है।

अनमना-सा ये दिल सोचता रह गया

अनमना-सा ये दिल सोचता रह गया,
एक काँटा-सा मन में चुभा रह गया।

रेत ही रेत फैली थी चारों तरफ़,
एक दरिया-सा मुझ में छिपा रह गया।

इतनी माँगी थीं हमने दुआएँ मगर,
मंज़िलें तो चलीं रास्ता रह गया।

मुझको कुछ भी न उससे मयस्सर हुआ,
आईने को ही मैं देखता रह गया।

उसने महलों के सपने दिखाए बहुत,
मेरे सर पर वही झोंपड़ा रह गया।

उसके वादे पे मुझको यक़ीं था मगर,
मेरे हक़ में बस इक क़हक़हा रह गया।

साथ बहता रहा वो मेरे दूर तक,
फिर भी इतना बड़ा हाशिया रह गया।

दरमियाँ उसके मेरे 'शलभ' कुछ नहीं,
कुछ अगर था तो वो अनसुना रह गया।

ख़ुद्दार लोगों की ज़रा पेशानी देखिए

ख़ुद्दार लोगों की ज़रा पेशानी[1] देखिए,
अज़मत[2] पे उनकी होती है हैरानी देखिए।

नदियाँ कहाँ समझती हैं सागर की पीर को,
अल्हड़पने में करती हैं नादानी देखिए।

बूढ़े सुनाते हैं वही माज़ी की दास्तान,
सुनते नहीं हैं, बच्चों की मनमानी देखिए।

'वो' हँस के टाल देते हैं माँ की पसन्द को,
फिर भी वो करती सबकी निगहबानी देखिए।

'सागर' में उतरो, कुछ भी करो, हाथ जोड़ लो,
जी भर के देगा, उसकी फ़रावानी[3] देखिए।

उसका विराट रूप चकाचौंध कर गया,
चेहरों पे चमक आई जो नूरानी देखिए।

इस बार फिर मिलेंगे पुरस्कार ऐ 'शलभ'!
कैसे अदीब करते हैं 'दरबानी' देखिए।

---

1. माथा, 2. स्वाभिमान, 3. बहुलता/बाहुल्य

अब नशेमन को बचाने कौन आएगा

अब नशेमन को बचाने कौन आएगा,
क़ौल को अपने निभाने कौन आएगा।

जब बुतों पर क़हर टूटा है मुसव्विर का,
उनकी अज़मत को बचाने कौन आएगा।

जागती आँखों से ही दिखते हैं अब सपने,
नींद से हमको जगाने कौन आएगा।

पूछता है दस मुखौटे बाँधकर रावण,
'राम-सा जीवन निभाने कौन आएगा।'

जो हुकूमत ने कहा उस बात का मतलब,
अब 'शलभ' हमको बताने कौन आएगा।

उसने मेरे ज़ख़्म को महका दिया है

उसने मेरे ज़ख़्म को महका दिया है,
इक नया नासूर फिर ताज़ा हुआ है।

मस्त हाथी पर चढ़े हैं शाहे-आलम,
रौंद देंगे जो भी रस्ते में खड़ा है।

अब नहीं पर्वत रहे चट्टानों जैसे,
रेत के टीलों में बोलो क्या धरा है।

आईने का सच मुक़द्दस[1] है ख़ुदाया,
उसकी रहमत से न कोई भी गिला है।

लाखों दरिया पी के कहता है समुन्दर,
जो मिला! सब कुछ तुम्हें लौटा दिया है।

आदमी की ज़ात का कैसा भरोसा,
जिसने पाला बस उसी को डस लिया है।

अब 'शलभ' की दास्ताँ में उसका चर्चा,
'सोने' के शब्दों में चुन-चुन कर लिखा है।

---

1. पवित्र

जिसके शीशे में बाल रहता है

जिसके शीशे में बाल रहता है,
उसको हरदम मलाल रहता है।

वो कभी 'भक्त' हो नहीं सकता,
जिसके मन में सवाल रहता है।

उसके सजदे वो क्यों क़बूल करे,
मुझ-सा जो ख़स्ताहाल रहता है।

अपने आरिज़ छुपा के रखिएगा,
मुट्ठियों में गुलाल रहता है।

आसमां को भी अब हमेशा ही,
कब ज़मीं का ख़याल रहता है।

आदमी को कभी न कम आँको,
आदमी में कमाल रहता है।

ज़ह्नो-दिल में 'शलभ' के हरदम ही,
बेख़ुदी का वबाल रहता है।

कुछ तो मुझ में तेरा साया रहने दे

कुछ तो मुझ में तेरा साया रहने दे,
तेरा मेरा जो है साझा रहने दे।

दम भरने दे मुझको उसके होने का,
मेरी छत पर इक तो गमला रहने दे।

इक तू ही मेरा है सारी दुनिया में,
झूठा ही, मन को भरमाया रहने दे।

मान मनोबल रखता है तू बस मेरा,
अपने होंठों पर ये जुमला रहने दे।

घर में होगा बूढ़ा काम ही आएगा,
घर में इक अपने का साया रहने दे।

हर पल ही झलकेगा तेरी आँखों में,
अपने मन में बच्चा ज़िन्दा रहने दे।

सोने-सा किरदार 'शलभ' का है साथी,
उसके हाथों में ये गहना रहने दे।

एक सिक्के की तरह उसने उछाला है मुझे

एक सिक्के की तरह उसने उछाला है मुझे,
पैकरों में दर्द के पिघला के डाला है मुझे।

चाँदनी से चाँद के भी दाग़ धुलते हैं कहाँ,
यह तो अपना इश्क़ है जिसने सँभाला है मुझे।

उसकी आँखों से मिली हैं जब कभी आँखें मेरी,
नूर उस अहसास का तो इक शिवाला है मुझे।

शिद्दते-अहसास में ऐसी बसी आँखें तेरी,
रूप तेरा मन रमा तो इक ग़ज़ाला है मुझे।

तीरगी तो तीरगी है उससे लड़ने के लिए,
एक जुगनू ही 'शलभ' काफ़ी उजाला है मुझे।

शाश्वत तिश्नगी नहीं जाती

शाश्वत तिश्नगी नहीं जाती,
रूह की बेख़ुदी नहीं जाती।

धर्म के नाम पर जो अंधे हैं,
उनकी बेहूदगी नहीं जाती।

आदमी की अजीब फ़ितरत है,
दोस्ती दुश्मनी नहीं जाती।

गाँव से जो नदी गुज़रती थी,
उसकी वो नग़मगी नहीं जाती।

आप रौशन घरों में रहते हैं,
मन से क्यों तीरगी नहीं जाती।

मेरे गिरने से तेरे होंठों पर,
जो है ठहरी हँसी, नहीं जाती।

अपने पुख़्ता ज़मीर की ख़ातिर,
यह 'शलभ' की ख़ुदी, नहीं जाती।

एक खँडहर-सा पुराना रह गया

एक खँडहर-सा पुराना रह गया,
अब कहाँ मौसम सुहाना रह गया।

पन्ना-पन्ना यूँ फटी दिल की किताब,
जिल्द का बस शामियाना रह गया।

लम्हा-लम्हा खो गया दिल का सुकूँ,
जीने को तो बस बहाना रह गया।

दोस्तों से इस क़दर धोखे मिले,
ख़ुद ही को बस आज़माना रह गया।

आख़िरी पत्ता हूँ मैं उस शाख़ का,
कुछ ही पल जिसका ठिकाना रह गया।

कर रहे हैं जो हुकूमत से सवाल,
बस उन्हें ही है मिटाना रह गया।

मार डालेगी कफ़स की यह घुटन,
इससे बढ़कर क्या लुटाना रह गया।

डट के हिम्मत से ज़रा आगे बढ़ो,
देखना पीछे ज़माना रह गया।

इतनी दहशत और अज़ीयत में 'शलभ',
हाल तेरा आशिक़ाना रह गया।

तुम हमारे इश्क़ पर पर्दा गिरा कर

तुम हमारे इश्क़ पर पर्दा गिरा कर,
ख़ुश रहोगे क्या हमें नीचा दिखा कर?

हम-सा ज़िद्दी आपने देखा न होगा,
हम रहेंगे आपको आख़िर मना कर।

ओ नदी! सागर से तू क्यों रूठ बैठी?
पूर्ण होगी तू अरी! उसमें समा कर।

एक भी पंछी अगर तिनका जुटाए,
झूम उठता है शजर फिर खिलखिला कर।

कब हुकूमत सहन करती है अवज्ञा,
आग बरसाती हैं वो तो तिलमिला कर।

बूढ़े, बच्चे हो गए लाचार अब तो,
काटते दिन-रात घर में छटपटा कर।

बस उसे है ढूँढ़ता दर्पण 'शलभ' अब,
मुझसे बतियाती थी वो जो सज-सजा कर।

बहे जो आँखों से आँसू, पता था, खारे थे

बहे जो आँखों से आँसू, पता था, खारे थे,
वो मेरे इश्क़ के जलते हुए शरारे थे।

लगा कि बैठ गुफाओं में एड़ियाँ रगड़ीं,
तुम्हारे हिज्र में हमने यूँ दिन गुज़ारे थे।

जहाँ भी तुमने तलातुम[1] में उँगलियाँ थामीं,
वहीं तो मिल गए मुझको सभी किनारे थे।

हमेशा देते थे वादे पे वादा जनता को,
हमेशा जुमलों में फँसते यही बेचारे थे।

अभी तो छोड़िए अगला चुनाव भी होगा,
हमारी ज़ात के समझे नहीं इशारे थे।

जो ज़ख़्म तुमने दिए थे 'शलभ' को क़ुर्बत[2] में,
वो उसके जिस्म पे महके हुए सितारे थे।

---

1. तूफ़ान, 2. सामीप्य/निकटता

गिर के भी साथ हम तेरा ऐसे निभा गए

गिर के भी साथ हम तेरा ऐसे निभा गए,
अपनी वफ़ा का एक नमूना दिखा गए।

वो देख कर हमारी वफ़ा तिलमिला गए,
हम भी तो उनके ज़ब्त को यूँ आज़मा गए।

घेरे हुए थीं आँधियाँ यूँ तो चिराग़ को,
बस हौसले हमारी अना को बचा गए।

ऊँची इमारतों से शहर ऐसे भर गया,
लगता है जैसे धूप अँधेरे ही खा गए।

मुझको मुग़ालता रहा मुर्शिद मेरे हो तुम,
तुम तो मगर वजूद ही मेरा मिटा गए।

मेरे तबीब बनके दवा कर रहे थे जो,
अन्तिम समय जब आया तो आँखें चुरा गए।

शम्ओं ने कह दिया है 'शलभ' से ये साफ़-साफ़,
दुनिया की महफ़िलों में हमें क्यों जला गए।

नई दुनिया में हर दिन प्यार के अवसर बदलते हैं

नई दुनिया में हर दिन प्यार के अवसर बदलते हैं,
कभी राहें बदलती हैं कभी मंज़र बदलते हैं।

किया तो था बहुत वादा कभी हम तुम न बदलेंगे,
यहाँ तो हर घड़ी अब मील के पत्थर बदलते हैं।

जो वादे करते हैं बढ़-चढ़ चुनावों में सभी नेता,
इलेक्शन जीतने के बाद सब अकसर बदलते हैं।

हमारे रहनुमाओं से हमें क्या सीख मिल पाती,
ज़रा-से मनमुटावों से ये बाज़ीगर बदलते हैं।

सरों पे चढ़ के जिनके बोले है जादू हुकूमत का,
हुकूमत के बदलते ही वही अफ़सर बदलते हैं।

समुन्दर की फ़िज़ाएँ आजकल ख़ामोश हैं कितनी,
कि नदियाँ रूठने से क्या कभी सागर बदलते हैं।

सियासी दहशतें बेशक बदल देती हैं जनता को,
'शलभ' जी! शम्अ के आशिक़ तो बस जलकर बदलते हैं।

नज़र रात दिन हम उतारा करेंगे

नज़र रात दिन हम उतारा करेंगे,
उसी संगदिल को पुकारा करेंगे।

जो नासूर बनके सताते हैं हमको,
वही ज़ख़्म फिर-फिर उभारा करेंगे।

कहाँ जा बुझाएँगे हम तिश्नगी को,
नदी से कहाँ तक किनारा करेंगे।

सियासत के फ़ंडों से वाक़िफ़ नहीं हम,
हुकूमत में कैसे गुज़ारा करेंगे।

कहाँ ला के छोड़ा है हमको सितमगर!
यूँ तनहा कहाँ तक गुज़ारा करेंगे।

चलो चाँद में जा के ऐसे छुपें हम,
फिर इक दूसरे को निहारा करेंगे।

'शलभ' से मिला लें वो इक बार आँखें,
तो रह-रह के उसको पुकारा करेंगे।

ख़ुशनुमा यूँ तो ज़िन्दगी है अभी

ख़ुशनुमा यूँ तो ज़िन्दगी है अभी,
फिर भी आँखों में कुछ नमी है अभी।

हर ख़ुशी ही डरी-डरी है अभी,
कितने संशय में आदमी है अभी।

ये अमावस की रात है आँखो!
हर तरफ़ घोर तीरगी है अभी।

सब समुन्दर तो हमने पी डाले,
इश्क़ में वो ही तिश्नगी है अभी।

एक ज्वालामुखी-सा फूटेगा,
आग अन्दर धधक रही है अभी।

तुमने रक्खे थे जो किताबों में,
उन गुलों में भी ताज़गी है अभी।

उसका चेहरा कभी न पढ़ पाए,
पर्त उस पर कोई चढ़ी है अभी।

माँग लो जो 'शलभ' से जी चाहे,
उसके पहलू में चाँदनी है अभी।

तुम्हारी रहगुज़र पर जब भी सजदा कर लिया मैंने

तुम्हारी रहगुज़र पर जब भी सजदा कर लिया मैंने,
अँधेरों से भरे पथ पर सवेरा कर लिया मैंने।

तुम्हारे हुक्म की तामील अब करनी ही थी मुझको,
मैं जिसका नाख़ुदा था उससे धोखा कर लिया मैंने।

मुहब्बत को निभाऊँ या तुम्हारी ज़ात को देखूँ,
'जिहादी लव' से डर कर सबसे पर्दा कर लिया मैंने।

परिन्दा वो नहीं हूँ मैं जो थक कर बैठ जाएगा,
तुम्हारे आसमानों को निशाना कर लिया मैंने।

मुझे तुम क़त्ल कर दो मुझको कुछ शुहरत तो मिल जाए,
कि अपने दुश्मनों से यह भी सौदा कर लिया मैंने।

इसे तुम झूठ मत समझो, यही सच्ची इबादत है,
तुम्हारी याद को अब तो शिवाला कर लिया मैंने।

कहें जो आँखें ख़ामोशियों में

कहें जो आँखें ख़ामोशियों में,
बयाँ न होगा शिकायतों में।

हमारे बाग़ों के फूल सारे,
हुए हैं नीलाम मंडियों में।

सभी सियासत को सजदा करते,
अदीब रहते हैं घोंसलों में।

वो याद करते हैं जब भी मुझको,
सुनाई देते हैं हिचकियों में।

अँधेरी रातों के मुख़बिरों को,
दिखाई देंगे वो जुगनुओं में।

चमन घिरा है जो सिरफिरों से,
बला की दहशत है तितलियों में।

तेरी ही ख़ुशबू रची-बसी है,
हरेक चादर की सिलवटों में।

'शलभ' कहाँ दिल लगा के बैठे,
हुई है जुम्बिश-सी पत्थरों में।

जीवन की धूप छाँव को अपना बना लिया

जीवन की धूप छाँव को अपना बना लिया,
जैसा भी वक़्त था उसे हँस कर निभा लिया।

इस तिश्नगी के दौर में पानी को ढूँढ़ते,
सहरा की प्यास में ही समुन्दर उगा लिया।

मजबूरियाँ थीं आपका काँधा न बन सके,
नज़रें झुका के हमने यूँ दामन बचा लिया।

आईना बदगुमान वो क्या हमसे खेलता,
हमने भी अपने अक्स को शीशा बना लिया।

तेरे ख़याल से कभी फ़ुर्सत न मिल सकी,
हमने भी इस जुनून में ख़ुद को मिटा लिया।

क़िस्मत की आँधियों ने उड़ाया बहुत 'शलभ',
दामन था तार-तार मगर मुस्कुरा लिया।

सरहदें ऐसे पार मत करना

सरहदें ऐसे पार मत करना,
दुश्मनों से क़रार मत करना।

चन्द दानों की भूख की ख़ातिर,
ज़िन्दगी को निसार मत करना।

दोस्तों या कि रिश्तेदारों से,
भूल कर भी उधार मत करना।

भाई मिलते हैं उसकी रहमत से,
आँगनों में दीवार मत करना।

भीड़ का व्याकरण तो अन्धा है,
ख़ुद को उसमें शुमार मत करना।

तितलियों की सुनहरी चाहत में,
दिल कभी बेक़रार मत करना।

सुनना रहबर की पर 'शलभ' बाबू!
उसको सर पर सवार मत करना।

वहीं मकरन्द का झरना थमा है

वहीं मकरन्द का झरना थमा है,
तुम्हारा रूप क्या मीठा हुआ है।

जरा आँखें तो देखो आप अपनी,
मचलती झील में सोना तपा है।

मुझे बादल यही बतला रहे हैं,
कि सावन इस दफ़ा प्यासा रहा है।

बदलते मौसमों का मूड अब तो,
तुम्हारी 'हाँ' कि 'ना' पर ही टिका है।

नहीं है इश्क़ की मंज़िल तो कोई,
यहाँ तो रास्ता ही रास्ता है।

अगर मिल जाएँ हमको आप जानाँ,
तो समझें सर पे कोई तो ख़ुदा है।

मिले हैं मील-पत्थर तो हज़ारों,
नहीं मंज़िल का फिर भी कुछ पता है।

तसव्वुर को बनाएगा हक़ीक़त!
'शलभ'! तू इश्क़ में पागल हुआ है?

आलम वो मुफ़लिसी का, मुक़द्दर भी रो पड़े

आलम वो मुफ़लिसी का, मुक़द्दर भी रो पड़े,
पाँवों के छाले देख के पत्थर भी रो पड़े।

नंगे पहाड़ हो रहे, दरिया रहे हैं सूख,
अपनी ज़लालतों पे ये मंज़र भी रो पड़े।

जिस डाल पे हो बैठे उसे काट रहे हो!
जुरअत तुम्हारी देख के रहबर भी रो पड़े।

वो चाँदनी का अक्स चुरा कर मुझे मिला,
उसकी हिमाक़तों पे मुक़द्दर भी रो पड़े।

तुमको 'शलभ' पुरानी मुहब्बत का वास्ता,
यादों में उसकी अब तो ये अम्बर भी रो पड़े।

एक दूजे की वफ़ाओं का सिला होते गए

एक दूजे की वफ़ाओं का सिला होते गए,
धीरे-धीरे इश्क़ में हम हमनवा होते गए।

रास्ता तो जानता है मील-पत्थर का सुकून,
मील-पत्थर ही सफ़र का हौसला होते गए।

वो जुनूँ छाया हमारी शिद्दते-अहसास पर,
हम लिपट कर आरज़ूओं का नशा होते गए।

मंज़िलों से मंज़िलों तक रास्ते ही रास्ते,
बेख़बर चलते गए और सिलसिला होते गए।

छीन पाया कौन दुनिया में किसी के भाग्य को,
ऐसी हसरत रखनेवाले सब हवा होते गए।

प्रेम का टूटे जो धागा फिर कहाँ मिलते हैं दिल,
दो क़दम आगे चले और फ़ासला होते गए।

जो हमारी रूह में दीपक-सा जलता है 'शलभ',
हम उसी के नूर से अहले-वफ़ा होते गए।

कभी शबनम की बूँदों ने सभी सपने जला डाले

कभी शबनम की बूँदों ने सभी सपने जला डाले,
कभी कुछ आँसुओं ने ज़ीस्त पर मरहम लगा डाले।

मुहब्बत के इशारों को हुकूमत कब समझती है,
हक़ों के वास्ते उट्ठे जो परचम सब जला डाले।

नदी की गोद में कितने खनिज थे, सिरफिरों ने तो,
ज़रा से लोभ की ख़ातिर वो सब मंज़र बहा डाले।

कुरेदो मत अना उसकी, सताओ मत उसे नाहक,
उठे जो इंक़लाबी वो तो नींवें तक हिला डाले।

खनकती चूड़ियाँ उसकी मुझे सन्देश देती हैं,
'शलभ' के पहलू में आओ तुम्हें संदल बना डाले।

उसका सिक्का ही चल रहा होगा

उसका सिक्का ही चल रहा होगा,
हाथ जिस पर भी वक़्त का होगा।

सर झुका कर ही मानना होगा,
जो हुकूमत का फ़ैसला होगा।

रास्ते ही में वो लुटा होगा,
क़ाफ़िला जब कहीं रुका होगा।

चाँद में 'ज़ंग' लग रहा साथी,
जाने अब कैसा हादसा होगा।

था मुसव्विर तो चाँदनी का वो,
क्यों अमावस को पूजता होगा?

ख़ुद ही हिम्मत जुटानी पड़ती है,
सोच मत कोई मोजिज़ा[1] होगा।

उसके सजदों में जान होगी 'शलभ',
दीप उल्फ़त का तब जगा होगा।

---

1 करिश्मा

जल चुके लाखों ही लेकिन रोशनी अब भी नहीं है

जल चुके लाखों ही लेकिन रोशनी अब भी नहीं है,
इन चिताओं की कभी भी तिश्नगी बुझती नहीं है।

इक धरोहर बन गई है मुफ़लिसी इस देश में अब,
हर क़वायद की मगर ग़ुरबत अटल मिटती नहीं है।

धीरे-धीरे याद भी खोने लगी है अक्स अपने,
आईने में अब कोई सूरत मुझे दिखती नहीं है।

इस तरह पतझड़ में पत्ते छोड़ कर जाने लगे हैं,
टहनियों के दर्द की आवाज़ भी आती नहीं है।

हमने सूरज की तरह से जंग की ठानी है जबसे,
आग जीवन की किसी पानी से भी बुझती नहीं है।

जिसके पानी से हरे हो जाएँ दोनों ही किनारे,
इस तरफ़ अब क्या कोई ऐसी नदी बहती नहीं है।

पीपलों पर कितने धागे बाँध कर माँगी है मन्नत,
मुद्दतों से धूप आँगन में मेरे आती नहीं है।

एक मुद्दत से 'शलभ' मैंने उसे देखा नहीं पर,
उसकी ख़ुशबू तो मेरे अहसास से जाती नहीं है।

फिर न पूछा गया सवाल अपना

फिर न पूछा गया सवाल अपना,
रह गया दिल में ही मलाल अपना।

ख़्वाब के गाल पर मला जाए,
रंग लाएगा तब गुलाल अपना।

देखिए आप मेरी आँखों में,
देखिए फिर ज़रा जमाल अपना।

आपके पाँवों में पड़ा हूँ मैं,
देखते जाइए ज़वाल[1] अपना।

सब सियासत के ये मदारी तो,
करते रहते हैं गोलमाल अपना।

दफ़अतन आइएगा महफ़िल में,
देखना फिर ज़रा कमाल अपना।

चाँद-सा है 'शलभ' मेरा दिलवर,
ख़ूब दमकेगा फिर हिलाल[2] अपना।

---

1. उतार / ह्रास, 2. नया चाँद

जो अपने हाथ में थामे छड़ी है

जो अपने हाथ में थामे छड़ी है,
सियासत उसकी ही दासी बनी है।

जो पासे फेंकते हैं शकुनि जैसे,
उन्हीं के पैरों पे जनता झुकी है।

पकड़ने चरखी उसकी सब हैं आए,
छुरी जिसके भी माँजे में तनी है।

ख़बर जिसने लिखी थी साफ़ तीखी,
उसी की लाश नाली में मिली है।

वो मुर्शिद[1] है तो दोनों हाथ लड्डू,
नहीं तो ख़ून में सनती नदी है।

हवा में ख़ौफ़ तारी है ये कैसा
अजब माहौल में बेचारगी है।

मिटा लोगे 'शलभ' जी! अपनी हस्ती
लगन यह शम्अ से कैसी लगी है।

---

1 गुरु / पथप्रदर्शक

आज मौसम मुझको ये समझा गए

आज मौसम मुझको यह समझा गए,
आम भी बगिया के सब बौरा गए।

इक अघोषित ख़ौफ़ है अब देश में,
दिन इमरजेंसी के क्या फिर आ गए।

पहले तो सुलगा दिया 'शाहीन बाग़',
अपने ही जुमलों से फिर घबरा गए।

उनकी क़ुर्बत को मचल उट्ठा है दिल,
जाम आँखों से वो यूँ छलका गए।

इक परिन्दा क्या उड़ा आकाश में,
आप तो इतने से ही झुँझला गए।

ये सियासी आपकी हठधर्मिता,
आपके जाने के मौसम आ गए।

बातों-बातों में 'शलभ' को दोस्तो,
उसकी ही औक़ात वो समझा गए।

आईना देखभाल कर रक्खा

आईना देखभाल कर रक्खा,
अक्स तेरा सँभाल कर रक्खा।

ख़ूब मनमानियाँ भी कीं तुमने,
बेवजह क़द उछाल कर रक्खा।

शाश्वत है घमंड तेरा, वाह!
क्या भरम तूने पाल कर रक्खा।

हमने सैय्याद की नज़र 'बाँधी',
तुमने आँखों में डाल कर रक्खा।

अनवरत तेरी याद का मैंने,
लम्हा-लम्हा सँभाल कर रक्खा।

आ के कर दे मुझे मुनव्वर तू,
सबको यूँ बोलबाल कर रक्खा।

ऐ 'शलभ'! किसका श्राप है तुझ पर,
तुझको सदमों ने पाल कर रक्खा।

यूँ जता अहसान को जब मेरा पैगम्बर गया

यूँ जता अहसान को जब मेरा पैगम्बर गया,
मैं तेरी दरियादिली से मेरे रहबर डर गया।

कौन अब है पूछता मुझको तुम्हारे शह्न में,
तुम ख़फ़ा जब से हुए मेरा हर इक तेवर गया।

बाग़बाँ की ज़िद के आगे हो गए मजबूर सब,
सारे सपने मर गए हर फूल चश्मेतर गया।

सागरों की हर लहर पे कर लगा दो, पर सुनो,
है सज़ा-ए-मौत जो बचकर कोई लश्कर गया।

आप के इलहाम से तो अफ़रा-तफ़री मच गई,
मुफ़लिसों की रोज़ी-रोटी, जान, फिर छप्पर गया।

झील के पानी को सर जी! छेड़ना क्यूँ बेवजह,
सब धरा रह जाएगा जब आपका भी सर गया।

जंगलों की आग से सब कुछ फ़ना हो जाएगा,
मेरी पेशानी पे कोई आज यह लिखकर गया।

'उसकी' सत्ता के नशे में ही 'शलभ' मग़रूर था,
एक पल में दम्भ टूटा, सारा हैंगओवर गया।

न सिर्फ़ रंजिशें दिल से लगाए फिरते हैं

न सिर्फ़ रंजिशें दिल से लगाए फिरते हैं,
तुम्हारी यादें भी मन में छुपाए फिरते हैं।

सुनें जो खिड़की पे बरसात की कभी दस्तक,
हम अपने आँसुओं में ही नहाए फिरते हैं।

पुराने हैं तो वो नासूर बन के उभरेंगे,
हम अपने ज़ख़्म जो ख़ुद से छुपाए फिरते हैं।

निकल के होंठों से बातें तो कानों-कान चलीं,
हम अपने होंठों पे ताले लगाए फिरते हैं।

मुहब्बतों में नहीं है बहस की गुंजाइश,
हम उनकी बात को सर पे उठाये फिरते हैं।

ज़माना देखता है उनको भी हिक़ारत से,
ग़मों का बोझ जो सब को दिखाए फिरते हैं

यही तो इश्क़ का हासिल रहा है उनके लिए,
'शलभ' वो जल के वफ़ाएँ निभाए फिरते हैं।

धन से आवाज़ की झंकार बदल जाती है

धन से आवाज़ की झंकार बदल जाती है,
बात का लहजा औ' गुफ़्तार बदल जाती है।

जिसको लगता है कि, सूरज न ढलेगा उसका,
पुख़्ता से पुख़्ता वो सरकार बदल जाती है।

थोड़ा-सा सर को झुकाना है अदब का हिस्सा,
ज़्यादा झुक जाओ तो दस्तार बदल जाती है।

जिन पहाड़ों से निकलती नहीं कोई नदिया,
भुरभुरा जाते हैं वो, धार बदल जाती है।

यूँ गए वक़्त की औक़ात भला क्या होगी,
साथ हो वक़्त तो हुंकार बदल जाती है।

इश्क़ सुच्चा था तो शिद्दत भी बराबर होती,
तेज़ धारों में तो पतवार बदल जाती है।

भावी पीढ़ी के विचारों को 'शलभ'! अपनाएँ,
'आते सूरज' की तो चमकार बदल जाती है।

क्यों हुआ आज बावला कोई

क्यों हुआ आज बावला कोई,
क्या उसे बरगला गया कोई?

चाँद तारों में इश्क़ का सौदा!
कब हुआ था जो अब हुआ कोई।

आँधियाँ चीख़ती हैं पेड़ों पर,
होनेवाला है हादिसा कोई।

सूर्य का कुछ वजूद मत जानो,
दे गया उनको मशवरा कोई।

दस्तरस[1] में नहीं है कुछ उसकी,
अब कहाँ होगा मोजिज़ा[2] कोई।

जब समुन्दर है धौंस में अपनी,
मेरा भी देखे हौसला कोई।

आप ख़ुद को सँभालिएगा 'शलभ',
आने वाला है ज़लज़ला कोई।

---

1. अधिकार/ पहुँच, 2. चमत्कार

बात दिल में छुपा के रखते हैं

बात दिल में छुपा के रखते हैं,
पीठ पर सीधे वार करते हैं।

है तसव्वुर उसी की आँखों का,
जिसकी आँखों से फूल झरते हैं।

इक ग़ज़ाला कुलाँचे भरती है,
एकटक हम तो उसको तकते हैं।

उनकी मनमानियों पे हम लट्टू,
वो सुधरते, न हम ही थकते हैं।

तेज बहती नदी के हम पत्थर,
टूट कर साथ-साथ बहते हैं।

हम मुसव्विर[1] हैं उस मुजस्सिम[2] के,
अनगिनत उसमें रंग भरते हैं।

आग से खेलता है अपना 'शलभ',
शाम से जब चिराग़ जलते हैं।

---

1. मूर्तिकार, 2. मूर्ति रूप

आपसे होगा नहीं, बस आप अचम्भे दीजिए

आपसे होगा नहीं, बस आप अचम्भे दीजिए,
वक़्त का संवाद, अब तो हमसे होने दीजिए।

चिलचिलाती धूप में नाहक पिघल जाएँगे लोग,
इक शजर की छाँव उनके सर पे रहने दीजिए।

बाढ़-बारिश हर तरफ़, हैं आग के मंज़र अनेक,
गर्म होती इस धरा को फिर से फलने दीजिए।

राष्ट्रवादी सरहदें हर ओर हैं खींची हुईं,
देशभक्तों के बिगुल को कुछ तो थमने दीजिए।

लग्न फिर बाहुबली का अब पुलिस से हो गया,
अनमने नेता हुए, जनता को मरने दीजिए।

वे तो मालामाल हैं, अपनी अना को बेचकर,
बहती गंगा में हमें भी हाथ धोने दीजिए।

फ़ैसला होगा वही जो चाहते हैं हम 'शलभ'!
ताजिराते हिन्द की धाराएँ लगने दीजिए।

टूटे हुए सपनों के सरोकार अलग हैं

टूटे हुए सपनों के सरोकार अलग हैं,
आँखों के उसूलों के गुनहगार अलग हैं।

यूँ छीन के बैठा हो कोई ज़ोर ज़बर से,
क़ब्ज़ा हो किसी का भी तो हक़दार अलग हैं

यूँ पार नहीं लगती है तूफ़ान में कश्ती,
उन हौसलों के होते ही पतवार अलग हैं।

होती तो है बाज़ार में हर चीज़ की क़ीमत,
हम-से जहाँ बिक जाएँ, वो बाज़ार अलग हैं।

सूरत के ही जलवों से मुतासिर हैं नहीं हम,
हमको जो लुभा लेंगे वो श्रृंगार अलग हैं।

दरबार में झुकना तो हमारी नहीं फ़ितरत,
जो हमको झुका पाएँ वो किरदार अलग हैं

कितने ही तुझे चाहने वाले हैं 'शलभ', पर,
जलवों के तेरे सच्चे तलबगार अलग हैं।

एक तिनके में वही ख़ुद का हुनर होता है

एक तिनके में वही ख़ुद का हुनर होता है,
जैसे बुझते हुए शोलों में शरर होता है।

आपके रुख़ पे वो अफ़शां का चमकना जानां,
झील के पानी में ज्यों उतरा क़मर[1] होता है।

दूज के चाँद-सा किरदार लिये फिरते हो,
कहकशाँ में कहाँ फिर अपना बसर होता है।

रोज़ की रोज़ तेरी बज़्म में आकर देखा,
होश वालों में कहाँ अपना गुज़र होता है।

आख़िरी वक़्त में धोखा दिया उसने तो 'शलभ',
देखिए कैसे ये आगे का सफ़र होता है।

1. चाँद

मैं तेरे रास्तों से गुज़रा हूँ

मैं तेरे रास्तों से गुज़रा हूँ,
पर ज़रा फ़ासलों से गुज़रा हूँ।

साँप बाँबी में ही नहीं होते,
मैं सभी मरहलों से गुज़रा हूँ।

शकुनि ने दाँव जिनसे जीते थे,
मैं उन्हीं कोड़ियों से गुज़रा हूँ।

लिख गईं चादरों पे जो क़िस्से,
इश्क़ की सिलवटों से गुज़रा हूँ।

अपने किरदार के ग़ुरूर में मैं,
कितनी ख़ुशफ़हमियों से गुज़रा हूँ।

अपने पैरों में बाँध कर शोले,
आग की बस्तियों से गुज़रा हूँ।

तेरे अहसास में उतर के 'शलभ',
ख़ून बन धमनियों से गुज़रा हूँ।

अब तो दिन में भी मुलाक़ात से डर लगता है

अब तो दिन में भी मुलाक़ात से डर लगता है,
बहके-बहके से सवालात से डर लगता है।

क्या वसूलेंगे वो अब अपने करम की क़ीमत,
सोच कर उनकी इनायात से डर लगता है।

शुहरतें मिलते ही अब इश्क़ बदल जाते हैं,
इश्क़ की बदली रिवायात से डर लगता है।

आईना सच को समझ कर है इशारा करता,
पर हमें अपनी ही औक़ात से डर लगता है।

अक्स ठहरे हैं कभी बर्फ़ के साँचों में कहीं,
बेवजह हो रही बरसात से डर लगता है।

जब भी उड़ती हुई बातों को सुनें दीवारें,
फिर तो हर बात की हर बात से डर लगता है।

एक पल जीने को जीता है 'शलभ', पर उसको,
अगले पल होगी जो उस मात से डर लगता है।

अगर फ़रियाद करते तो इशारा और कुछ होता

अगर फ़रियाद करते तो इशारा और कुछ होता,
अगर ख़ामोश रहते तो करिश्मा और कुछ होता।

ज़रूरी तो नहीं ढल कर इन्हीं रंगों में हम आते,
फ़िज़ा गर मुख़्तलिफ़ होती, नज़ारा और कुछ होता।

कहीं तो कहकशाँ में और भी दुनिया बसी होगी,
धरा पे ही न आते तो जज़ीरा और कुछ होता।

जो नफ़रत की शुआओं को बदल कर प्रेम बरसाता,
वो इक दरवेश भी होता सहीफ़ा[1] और कुछ होता।

अकेले 'स्वर्ण मृग' को कोसने से फ़ायदा क्या है,
अगर सीता न ज़िद करतीं ख़सारा[2] और कुछ होता।

तपस्वी की तरह जो हम दियों के दम में दम भरते,
सितारे और कुछ होते, सवेरा और कुछ होता।

चिराग़ों और दरख़्तों की जगह होती ख़लाएँ ही,
शिकस्ता-सा 'शलभ' होता, परिन्दा और कुछ होता।

---

1. धर्म ग्रंथ, 2. नुक़सान

बारिश की बूँदों को पकड़ा करते थे

बारिश की बूँदों को पकड़ा करते थे,
दिल के अरमानों से खेला करते थे।

'ओलों' से भी घर तामीर किए हमने,
फिर उनकी यादों में ठिठुरा करते थे।

बहुत कबूतर भेजे लिख-लिख कर ग़ज़लें,
ख़त आने के सपने पाला करते थे।

पतझड़ में जब घोर उदासी छाती थी,
हिज्र के हर नश्तर को झेला करते थे।

इक तू ही दिखता था हमको दुनिया में,
हर-दम, हर-पल, तुझको सोचा करते थे।

क्या 'केमिस्ट्री' होती है दिलवालों की,
दिल वाले ही इसको समझा करते थे।

इश्क़ के दुश्मन, 'शलभ' इश्क़ के पाँवों में,
जान-बूझ कर ख़ूब ख़सारा करते थे।

कुछ मुहब्बत में काम तो आए

कुछ मुहब्बत में काम तो आए,
कितने इलज़ाम नाम तो आए।

अनवरत हूँ सफ़र में सदियों से,
कहीं मंज़िल, क़याम[1] तो आए।

ज़ख़्म अपने कुरेद डालूँगा,
प्यार का कुछ इनाम तो आए।

कुछ पज़ीराई[2] हुस्न की भी हो,
इश्क़ में एहतराम[3] तो आए।

ख़ूब ले लूँ बलाएँ मैं उसकी,
चाँदनी अपने बाम[4] तो आए।

तीर से चीर दो मेरा सीना,
दर्दे-दिल को ख़िराम[5] तो आए।

आज इलहाम[6] यह 'शलभ' को हुआ,
सब्र उसको तमाम तो आए।

---

1. स्थिरता, 2. स्वीकारना/स्वीकार्यता, 3. आदर, सम्मान, 4. छत, 5. आनन्द/सुकून, 6. ईश्वरीय सन्देश

चाँद तो सर्द इक हक़ीक़त है

चाँद तो सर्द इक हक़ीक़त है,
'तेरे' अहसास से ही जन्नत है।

चाँद में तो लहू न दिल कोई,
एक पैकर है, ख़ूबसूरत है।

रूप उसका है इक हक़ीक़त-सा,
चाँद की बेनियाज़[1] फ़ितरत है।

तू हमेशा रही है पहलू में,
चाँद में तो बला की हिजरत[2] है।

तेरी सूरत में रहती है सीरत,
चाँद में यह कहाँ महारत है।

घटता बढ़ता है चाँदनी का नूर,
तेरी रंगत में बसती क़ुदरत[3] है।

चाँदनी से 'शलभ' को क्या है ग़रज़,
वो तो करता तेरी इबादत[4] है।

---

1. तटस्थ/बेपरवाह/स्वच्छंद, 2. छोड़ के जाने का भाव, 3. प्रकृति/कायनात, 4. पूजा

वो बदला है कभी जब भी तो कुछ ऐसे ही बदला है

वो बदला है कभी जब भी तो कुछ ऐसे ही बदला है,
अमावस की अँधेरी रातों में ज्यों चाँद छुपता है।

मेरे दिल की ये आहें कुछ असर तो छोड़ती होंगी,
कभी क्या इश्क़ में मेरे तेरा दिल भी मचलता है

घटाओं बिजलियों में है कोई इक़रार चुप जैसा,
उन्हीं के वस्ल से सागर का दिल भी तो धड़कता है

इरादों से भरे पंछी का फिर तुम हौसला देखो,
वो किस अन्दाज़ से मीलों तलक परवाज़ भरता है

पहाड़ों को कभी तुम दर्दे-दिल अपना सुनाओ तो,
उन्हीं चट्टानों से मकरन्द का झरना निकलता है।

कभी ख़ामोश पत्तों की सदाएँ सुन के देखो तो,
शजर की डालियों से सुरमई यौवन छलकता है।

'शलभ'! बन्धन बहुत हैं ज़िन्दगी जीने की राहों में,
इसी सुर-ताल में जीवन मगर खिलता-सँवरता है।

सरहदें हैं कहाँ, ग़ज़लों पे हुकूमत कैसी

सरहदें हैं कहाँ, ग़ज़लों पे हुकूमत कैसी,
प्यार जो करते हो तो उनसे अदावत कैसी।

इश्क़ के झरने में इक बार नहा कर देखो,
ये इबादत है तो फिर इसमें हिमाक़त कैसी।

चाँदनी जम के पहाड़ों पे बरसती है सदा,
ये तो अभिसार है अब इससे शिकायत कैसी।

वो जो सागर की पनाहों में बसी है दुनिया,
अपनी दुनिया से भला उस की बग़ावत कैसी।

जो है राजा उसे हर ज़ुल्म का वरदान मिला,
हक़ ये दैवी है उसे, इसमें सियासत कैसी।

आसमां में तो बहुत दूर नहीं उड़ सकते,
लौट आएँ जो शजर पर तो ये हिजरत[1] कैसी।

शम्अ के वस्ल में अन्धा ये 'शलभ' जाने है,
ये तो निस्बत है मुहब्बत की कहावत कैसी।

---

1. छोड़कर जाना

मौसमों की ख़बर नहीं रखते

मौसमों की ख़बर नहीं रखते,
आप हम पर नज़र नहीं रखते।

मंज़िलें उनको कब मिलीं यारो!
हाथ में जो हुनर नहीं रखते।

देश मुश्किल से वो गुज़रते हैं,
जो हदों पर नज़र नहीं रखते।

इश्क़ उनके लिए है बे-मानी,
ज़ह्न में जो जिगर नहीं रखते।

वो पहाड़ों को रौंद लेते हैं,
हौसलों में जो डर नहीं रखते।

शम्स कब उनका पासबाँ है 'शलभ',
आँख में जो शरर नहीं रखते।

क़ुर्बतों में भी हाशिया रखना

क़ुर्बतों[1] में भी हाशिया रखना,
दुश्मनों से भी राबिता[2] रखना।

झूठ और सच की जब परीक्षा हो,
आँख में एक आईना रखना।

टूट कर जब लगो बिखरने तो,
ज़िन्दा रहने का हौसला रखना।

साक्ष्य माँगेंगे सफ़र के तुमसे,
अपने पाँवों में आबला रखना।

चार होते नहीं हैं दो और दो,
एक मुंसिफ़ को रहनुमा रखना।

नींद पलकों पे आ के ठिठके तो,
एक सपने की इल्तिजा रखना।

यूँ बहाना न हर किसी के लिए,
अपने आँसू बचा-बचा रखना।

---

1. मिलन, 2. सम्बन्ध/मिलनसारी

रिश्ते नातों में कुछ लताफ़त हो,
दिल में थोड़ा-सा बचपना रखना।

है मेरा मशवरा 'शलभ' ये तुझे,
अपना किरदार शम्अ-सा रखना।

गुम जो है बाज़ार में उस बेख़ुदी को

गुम जो है बाज़ार में उस बेख़ुदी को,
दोस्त पहचानेंगे मेरी मुफ़लिसी को।

उसकी आँखों से चुने सपने हमेशा,
अब तरसता हूँ निगाहे-सन्दली को।

शम्स पकड़ा चाँद को गरवा लगाया,
कब तलक सहता मैं अपनी कमतरी को।

मैं तुम्हारी बज़्म में होता हूँ रुसवा,
रू-ब-रू जब देखता हूँ अजनबी को।

काँपती है रूह तो शंका से, डर से,
याद करके उस तुम्हारी मुख़बरी को।

जो हमें ख़ारिज किया करती थी अक्सर,
वो मिली पढ़ती हमारी शायरी को।

दिलरुबा के पैकरों में ढल गए हम,
याद रखना तुम हमारी बन्दगी को।

ये तेरा किरदार तो अब तक वही है,
जीता है अहसास में उस ग़ज़नबी को।

पढ़ ही लेता है 'शलभ' बेसाख़्ता ही,
मिचमिचाती आँख तेरी अधखुली को।

वहम जब घर ही कर चुका होगा

वहम जब घर ही कर चुका होगा,
उम्र भर के लिए सज़ा होगा।

शिव का डमरू वहाँ बजा होगा,
आज फिर कोई मोजिज़ा[1] होगा।

पूछते हैं वो क्या हुआ होगा,
आ गया कोई ज़लज़ला होगा।

यूँ उड़ाते ख़बर 'ख़बर' वाले,
साँप चूहे ने खा लिया होगा।

शायरी में कहन की बातें हैं,
क्या कभी दर्द भी दवा होगा?

टूटा रिश्ता तो हर गिरह टूटी,
टूटा धागा न फिर जुड़ा होगा।

उनका आकाश उनको दे दो 'शलभ',
हक़ परिन्दों का कब अता होगा।

---

1. चमत्कार

लौट कर फिर वो आ नहीं सकता

लौट कर फिर वो आ नहीं सकता,
अपनी हस्ती दिखा नहीं सकता।

काफ़ी होता कहाँ है इक जीवन,
उसमें सब कुछ तू पा नहीं सकता।

सात जन्मों की बात बेमानी,
एक जीवन निभा नहीं सकता।

शाश्वत हैं पहाड़ और सागर,
बोझ इनका उठा नहीं सकता।

शम्स के मैं हसीं तसव्वुर में,
चाँदनी को रुला नहीं सकता।

मन में है डर बसा हुआ जब से,
मन मुजस्सिम बना नहीं सकता।

शम्अ की लौ से इश्क़ में है 'शलभ',
ख़ुद को हरगिज़ बचा नहीं सकता।

सच की सारी शख़्सियत गुम हो गई बाज़ार में

सच की सारी शख़्सियत गुम हो गई बाज़ार में,
हर तरह का झूठ ही छपने लगा अख़बार में।

चील कव्वे नोच कर खाएँगे उसके जिस्म को,
बद्दुआ केवल बची मजबूर के अधिकार में।

मीडिया मुंसिफ़ बना है सब के सब है तंत्र ध्वस्त,
कश्तियाँ निकलेंगी कैसे जो फँसी मझधार में।

हर इबारत ख़ून से ही लिख रहे बच्चे यहाँ,
ऑनलाइन हो गया बचपन तो कारागार में।

तनहा पर्वत, शान्त सागर, त्रस्त है जीवन बहुत,
राख ही अब रह गई बुझते हुए अंगार में।

एक गंगा फिर उठा कर पर्वतों से लाइए,
गुल ही गुल फिर खिल उठेंगे हर दिले गुलज़ार में।

फ़ौज के बल पर कुचल देना हमें बेसाख़्ता,
आँख भर के भी अगर देखें 'शलभ' दरबार में।

दिन में निकल के देखिए सूरज के साथ-साथ

दिन में निकल के देखिए सूरज के साथ-साथ,
सूरज सा जल के देखिए सूरज के साथ-साथ।

देता है ज़िन्दगी हमें लावा निगल के वो,
लावा निगल के देखिए सूरज के साथ-साथ।

वो कहकशाँ का शाह है ढलता नहीं कभी,
पर आप ढल के देखिए सूरज के साथ-साथ।

क्या-क्या मिराज गढ़ता है सहराओं में सदा,
मरुथल में चल के देखिए सूरज के साथ-साथ।

अभिसार चाँदनी से कभी हो नहीं सका,
अरमाँ कुचल के देखिए सूरज के साथ-साथ।

बादल छुपा ही लेते हैं सूरज के ताप को,
फिर हाथ मल के देखिए सूरज के साथ-साथ।

करता है चाँद तारों को रोशन जमाल से,
फूलों-सा फल के देखिए सूरज के साथ-साथ।

है मोजिज़ा उसी का फ़िज़ाओं में हर तरफ़,
नज़रें बदल के देखिए सूरज के साथ-साथ।

ख़ुद को मिटा के बाँटते हैं ज़िन्दगी 'शलभ',
पल-पल पिघल के देखिए सूरज के साथ-साथ।

सब इबादत ढकोसला बाबा

सब इबादत ढकोसला बाबा!
सौ पढ़ें दर पे फ़ातिहा[1] बाबा!

मंज़िलों के क़रीब हैं ख़तरे,
जीस्त का नाम हौसला बाबा!

पंछी परवाज़ को तरसते हैं,
फिर दिखा कोई मोजिज़ा[2] बाबा!

सामने खौलता समुन्दर है,
पीछे दायम[3] है ज़लज़ला बाबा!

ज़िन्दगी कब किसी पे निर्भर है,
चाहिए फिर भी रहनुमा बाबा!

एक अन्धा निज़ाम ग़ाफ़िल है,
होश की दे तू ही दवा बाबा!

जो तुझे बेचते हैं 'नुस्ख़ों' से,
उनका गोदाम भर गया बाबा!

---

1. प्रार्थना, 2. चमत्कार, 3. स्थायी विपत्ति/हमेशा

लोग अपनों से आज डरते हैं,
ये हुआ कैसा सिलसिला बाबा!

एक टुकड़ा ही चाँद दे दे मुझे,
आशना दिल रहे सदा बाबा!

चिट्ठियाँ मैं समेट लूँ उसकी,
इश्क़ की देना फिर सज़ा बाबा!

मेरे पहलू में दर्द भर दे 'शलभ',
सबको ख़ुशियाँ तू कर अता बाबा!

दूर तक चल कर गया उसको मनाने के लिए

दूर तक चल कर गया उसको मनाने के लिए,
था बज़िद मेरा ही मन ख़ुद को हराने के लिए।

ले रहा था हुस्न बदले ख़ूब मेरे सब्र के,
मैं तरीक़े ढूँढ़ता उसको रिझाने के लिए।

एक 'पागल नाले' का ऐसा है बिगड़ा अब मिज़ाज,
दे रहा है धमकियाँ पर्वत ढहाने के लिए।

आईने से कह रहा था एक शायर कान में,
मार इक पत्थर मुझे रुतबा दिलाने के लिए।

क़हर ढाते आग पानी और अराजक हर दिशा,
सूरतें सब बन रहीं लड़ने लड़ाने के लिए।

घास के मानिन्द उग आए हैं अब शायर कई,
ऑनलाइन भीड़ में ग़ज़लें सुनाने के लिए।

हम अदीबों का 'शलभ' ऐसा चलन अब हो गया,
लिख रहे बस शायरी क़ौमी तराने के लिए।

देर तक सुरमई आँखों को निहारा करता

देर तक सुरमई आँखों को निहारा करता,
इनके ही दम पे तो ग़ज़लों में उजाला करता।

अपने ही रूप पे लट्टू था जो मेरा हमदम,
था वहाँ कौन जो नख़रों को उठाया करता।

लग गई ज़ख़्म पे जो 'कोंच-फली' थी जैसे,
आग लगती तो बुझाने का सलीका करता।

दिल के दाग़ों को सँभाले हुए वो बरसों से,
चाँद के साथ ही इस झील में डूबा करता।

कौन रखता तेरे किरदार को ऊँचा जग में,
अपने किरदार को तू ख़ुद भी तो ऊँचा करता।

एक रहबर का जो होता मेरे सर पर साया,
मैं मुसीबत में किसी को तो पुकारा करता।

हर क़दम ज़िन्दगी करती है नये समझौते,
'मैं' अना छोड़ के, हर चीज़ का सौदा करता?

बाग़बाँ होता ख़ुदा मैं भी चमन का तेरे,
बीज उल्फ़त के हर इक दिल में ही रोपा करता।

काश निभ पाता कभी मेरा ये वादा मुझसे,
एक इक दिल का 'शलभ' स्वप्न मैं पूरा करता।

तुम्हारे इश्क़ में जलते हुए सूरज को देखा है

तुम्हारे इश्क़ में जलते हुए सूरज को देखा है,
तमन्ना तुम हमारी हो तुम्हीं को हमने चाहा है।

समझते हैं हमें तो बाग़बाँ, अपने चमन वाले,
यही तो अपना हासिल है यही तो अपना रुतबा है।

नहीं है बदगुमानी अब समुन्दर और नदियों में,
उन्हें मिलना है सागर से मुहब्बत का तक़ाज़ा है।

अहम के बीज निर्धारित करें इंसां की फ़ितरत को,
वो तेरा है ये मेरा है यही दुनिया में झगड़ा है।

समुन्दर और पर्वत या परिन्दे जानते कब हैं,
कि किसने सरहदों में हर जगह इंसां को बाँटा है।

तुम्हारी और हमारी सभ्यता में फ़र्क़ है इतना,
यहाँ डूबे है जब सूरज, तुम्हारे दिन निकलता है।

मुकर जाए जो वादों से 'शलभ' फ़ितरत नहीं पाई,
अना-ख़ुद्दारी से अपनी सरासर यह तो धोखा है।

इश्क़ बस में था न अपने ग़ैर को क्या दोष दें हम

इश्क़ बस में था न अपने ग़ैर को क्या दोष दें हम,
कह चुके जितनी थीं कहना हर व्यथा कैसे कहें हम।

कब हुकूमत की दया हो, भेज दे बनवास पर कब,
इन परिस्थितियों से अब, कैसे लड़ें क्यूँ कर सहें हम।

बादलों में तल्ख़ियाँ हैं, और घटाएँ रुष्ट हैं क्यूँ,
सागरों के मन में क्या है, आकलन कैसे करें हम।

ग़लतियाँ होती हैं अक्सर यह स्वाभाविक सर्वथा है,
सोचती हरदम सियासत, दोष किस के सर मढ़ें हम।

तथ्यों का तो आम जन को, ज्ञान होता ही नहीं है,
भावनाओं में ही बह कर, आस्थाओं को छलें हम।

इश्क़ में मिलता कहाँ है, जो सकूँ दरकार हमको,
बह चले नदिया-सी तू फिर, संग तेरे ही बहें हम।

सूर्य है जीवन का उद्गम, और 'शलभ' उसका पुजारी,
उसकी गरिमा-सा उदय हो, शाम सूरज-से ढलें हम।

कौन दुश्मन है यहाँ किसको मैं अपना मानूँ

कौन दुश्मन है यहाँ किसको मैं अपना मानूँ,
कोई मिल जाए जिसे अपना मसीहा मानूँ।

जिसके दामन में गुनाहों से सुकूँ मिलता हो,
इश्क़ में सजदा करूँ उसको सहीफ़ा[1] मानूँ।

आईने तो नहीं तस्दीक़ करेंगे सीरत,
क्या किसी और को किरदार का चेहरा मानूँ?

जुगनुओं से तो नहीं मिटते अँधेरे हरगिज़,
कैसे अब शब के धुँधलके को सवेरा मानूँ।

जिससे दस्तार की अज़मत ही फ़ना हो जाए,
उस मुक़द्दर को 'शलभ' कैसे मैं ऊँचा मानूँ।

---

1. धर्म ग्रंथ

रिश्तों का टूटना भी तो इक रास्ता ही है

रिश्तों का टूटना भी तो इक रास्ता ही है,
कल के सुनहरे वक़्त की ये इब्तिदा ही है।

हक़ वो बराबरी का तो देता नहीं कभी,
हरदम जता के इश्क़, मुझे लूटता ही है।

सपने समुन्दरों से जो लड़ने के पालती,
कमसिन ये उस नदी का अभी बचपना ही है।

तेरे भरम में तकिए से करता हूँ गुफ़्तगू,
यह भी जुनूने इश्क़ की अब इन्तिहा ही है।

पढ़िए कलाम आप कि फुटबॉल खेलिए,
केवल विकास से बँधा ये मुद्दआ ही है।

क्या वास्ता था उससे जो छूटा सफ़र में वो,
जो कल मिलेगा उससे कोई राबिता ही है।

निर्वाण तो 'शलभ' हमें देंगे पहाड़ ही,
यह बात शायरों के लिए आईना ही है।

हर इक दुख दर्द में ये दोस्त ही तो काम आते हैं

हर इक दुख दर्द में ये दोस्त ही तो काम आते हैं,
सुदामा की सदा पर जिस तरह घनश्याम आते हैं।

जो सुलझाने की कोशिश कीजिए उलझे हुए रिश्ते,
अमूमन आपके ही सर तो सब इल्ज़ाम आते हैं।

तुम्हारे ही तसव्वुर में हुआ इलहाम ईश्वर का,
ये मन मीरा-सा होता है कि जब घनश्याम आते हैं।

तू दिल की बात को हरगिज़ कभी दीवार मत करना,
वगर्ना ज़िन्दगी में बेवजह कुहराम आते हैं।

जहाँ शिद्दत नहीं ग़म में ख़ुशी में बदगुमानी हो,
वहाँ ख़ुशियाँ नहीं मिलतीं वहाँ 'सद्दाम' आते हैं।

कुछ ऐसे मैं तेरी महफ़िल में अक्सर हक़ जताता हूँ,
मुझी से गुफ़्तगू को ज्यों मियाँ ख़य्याम आते हैं।

'शलभ' जादूगरी है इश्क़ तो ज़िन्दादिली भी है,
शबिस्तानों से उसको रात दिन पैग़ाम आते हैं।

महफ़िल में तेरे नाम के चर्चे बहुत हुए

महफ़िल में तेरे नाम के चर्चे बहुत हुए,
यूँ हमको तेरे इश्क़ में सदमे बहुत हुए।

तस्वीर को तेरी ही तो पूजा है रात-दिन,
पर दाम भावनाओं के सस्ते बहुत हुए।

भरमा रहे हैं तीखे उजाले अब इस तरह,
दिखता नहीं है कुछ भी अँधेरे बहुत हुए।

बाज़ार जुड़ गए हैं जो मोबाइलों के साथ,
छोटे दुकानदारों को लाले बहुत हुए।

दुख दर्द भुखमरी से न मिलती 'टी.आर.पी.',
'कठपुतलियों' के अब तो मसाले बहुत हुए।

ढूँढ़ें हूज़ूर आप कोई वैद्य अब तुरन्त,
अब आप के भी मुँह में हैं 'छाले' बहुत हुए।

तन पर लगे जो ज़ख़्म वो भर ही गए 'शलभ',
मन पे जो घाव थे लगे गहरे बहुत हुए।

क्या नामुराद इश्क़ की कोई दवा भी है?

क्या नामुराद इश्क़ की कोई दवा भी है?
इस लाइलाज मर्ज़ से कोई बचा भी है।

ये काल की पुकार है औंधे पड़े रहो,
अब ये हुकूमतों का हमें मशवरा भी है।

जिसके भी सर चढ़ा है मुहब्बत का यह नशा,
बन्दा तो ख़ुद का है ही वो सबका ख़ुदा भी है।

अब आईने से दोस्ती का क्यों हो एतिमाद,
जीवन में क्या कभी 'ये' किसी का हुआ भी है।

बहती हुई नदी की रिवायत को जानिए,
सागर में जा के मिलने का कोई सिला भी है।

'सूरज-शजर' ही करते हैं जीवन में धूप-छाँव,
आज़ाद पंछियों का कोई रहनुमा भी है।

जब हौसलों से चल पड़ो क्या सोचना 'शलभ'
दुखता हुआ तो पाँव में इक आबला भी है।

हम अपना अक्स ढूँढ़ के लाएँगे देखना

हम अपना अक्स ढूँढ़ के लाएँगे देखना,
सच आईने का तुमको बताएँगे देखना।

हमसे न रूठना तू हमारा नसीब है,
हम चुटकियों में तुमको मनाएँगे देखना।

देकर हमें भरोसा, मुहब्बत रक़ीब से!
जी भर के तुमको हम भी सताएँगे देखना।

इन पर्वतों-पहाड़ों की इज़्ज़त किया करो,
रूठे जो सदियों तुमको रुलाएँगे देखना।

बागों में फूल हों खिलें हरदम दुआ करो,
हर सू ये ज़िन्दगी को खिलाएँगे देखना।

मिल जुल के हम रहेंगे तो बोलेगा इंडिया,
जयघोष में ध्वज अपना उठाएँगे देखना

आकाश ये हमारा, समुन्दर हमारे हैं,
घर-घर 'शलभ' को झूमते पाएँगे देखना।

पत्थर जो उनकी ओर से उछला हुआ मिला

पत्थर जो उनकी ओर से उछला हुआ मिला,
आकाश हमको अपना ही टूटा हुआ मिला।

अहसास को तो वक़्त की दीमक ही खा गई,
मेरा शऊर भी मुझे बुझता हुआ मिला।

मेरे ही बाम पर मुझे आना मना था क्यूँ,
मेरी ही छत पे चाँद जो ठहरा हुआ मिला।

टकरा के लौट आया मेरा तीर मुझ पे ही,
मेरा वजूद ही मुझे चुभता हुआ मिला।

मंज़िल की तो तलाश में यूँ दर-ब-दर हुए,
अपना ही कारवाँ हमें उड़ता हुआ मिला।

मैंने पराई आग में फूँका है अपना घर,
किरदार मेरा मुझसे ही रूठा हुआ मिला।

ख़ुद भी कहाँ जिया है 'शलभ' इस निज़ाम में,
वो ख़्वाहिशों की आग में जलता हुआ मिला।

जमीं से आसमाँ तक छा रहे हैं

जमीं से आसमाँ तक छा रहे हैं,
हमीं से आज हम टकरा रहे हैं।

हवाएँ हैं मुख़ालिफ़ हर दिशा में,
हमें मौसम ये अब समझा रहे हैं।

नहीं रिश्ता बचा कोई जहाँ में,
बस अब आभास मन बहला रहे हैं।

हुई है टुकड़ा-टुकड़ा ज़िन्दगी तो,
हमीं टुकड़ों में बिखरे जा रहे हैं।

धरा नाराज़ है अब आदमी से,
हमें अब ज़लज़ले थर्रा रहे हैं।

करें जो धर्म की सौदागरी वो,
अरे तौबा! कहाँ पछता रहे हैं?

'शलभ' इस जंग में होकर रहेगी,
हमारी जीत हम बतला रहे हैं।

मेरे चेहरे की ताब रहने दे

मेरे चेहरे की ताब रहने दे,
कुछ तो मेरा रुआब रहने दे।

छीन मुझसे न रौशनी मेरी,
इक मेरा आफ़ताब रहने दे।

हौसलों में वही हो बेदारी,
हर नफ़स इज़्तिराब[1] रहने दे।

गोशे-गोशे में जल उठूँ हरदम,
हर डगर इंक़लाब रहने दे।

मुझको जुगनू सी शिद्दतें देना,
ये मेरा इन्तिख़ाब[2] रहने दे।

फिर करेंगे कभी मिलेंगे अगर,
वो पुराना हिसाब रहने दे।

महके ख़ुशबू सा तेरे बाग़ों में,
तू 'शलभ' को गुलाब रहने दे।

---

1. बेचैनी / विह्वलता, 2.चयन

इस बार डूबने के तो आसार हैं बहुत

इस बार डूबने के तो आसार हैं बहुत,
दुनिया में अपने यूँ भी तो 'ग़मख़ार'[1] हैं बहुत।

मैं उसकी सरपरस्ती[2] का क़ायल नहीं हूँ पर,
शर्तें निभानी उसकी तो दुश्वार हैं बहुत।

ठुकराता क्यों है इतनी हिक़ारत से तू हमें,
अपने भी तो जहाँ में परस्तार[3] हैं बहुत।

हरदम रहें वो सामने पहलू नशीन हो,
इक बार चाँद के हमें दीदार हैं बहुत।

खारे समुन्दरों की अकड़ फुर्र हो गई,
मीठी नदी से रूठ के बेज़ार हैं बहुत।

अब जीत कर चुनाव उन्हें यह गुमान है,
हाथों में उनके आ गये अधिकार हैं बहुत।

पानी तलाशिये कभी सहराओं में उतर,
मरुथल में धूप-छाँव के विस्तार हैं बहुत।

---

1. हमदर्द, 2. संरक्षण, 3. चाहनेवाले/उपासक

पत्ते शजर पे आए तो महकी फ़िज़ाएँ भी,
अब 'पंछियों' के पास भी घरबार हैं बहुत।

कोई न भूख से मरे ऐलान हो 'शलभ'!
सरकार के भरे हुए भंडार हैं बहुत।

तेरे किरदार से बाहर हुए हैं

तेरे किरदार से बाहर हुए हैं,
घने अँधियार से बाहर हुए हैं।

झुके थे आस्तां पर जब से तेरे,
हमीं दस्तार से बाहर हुए हैं।

तुझे पूजा दमे-आख़िर तलक अब,
तेरे राडार से बाहर हुए हैं।

बँधे रहते कहाँ तक रूढ़ियों में,
हम अब घर-बार से बाहर हुए हैं।

तेरे चेहरे की रौनक़ बाँधती थी,
तेरे रुख़सार से बाहर हुए हैं।

दिया जो एक सच्चा मशविरा फिर,
तेरी सरकार से बाहर हुए हैं।

'शलभ' जो थे तेरे कॉकस के हिस्से,
वो सब दरबार से बाहर हुए हैं।

भला होता कहाँ है इश्क़ का इज़हार दूरी से

भला होता कहाँ है इश्क़ का इज़हार दूरी से,
करेंगे कब तलक हम आपका दीदार दूरी से।

बराबर फ़ासला है चाँद से उस एक तारे का,
कई सदियों से वो भी हो गया बेज़ार दूरी से।

मुसव्विर की तरह हर साँस की ताबीर करिए तो,
नहीं हो पाते हैं सपने कभी साकार दूरी से।

उसी के सुर में ढलकर आप समझें साज़ की भाषा,
कभी बनता भी है कोई बड़ा फ़नकार दूरी से?

जो जा कर बस गया परदेस में बेटा तो फिर उसको,
विरासत में नहीं मिलता है कुछ अधिकार दूरी से।

पता करने को गहराई उतरिए उसके सीने में,
नपेगा किस तरह 'बाबू' गहन मझधार दूरी से।

ज़मीन और बाग़बाँ की टीस को समझो उन्हें मिलकर,
'शलभ' फूलें-फलेंगे किस तरह घरबार दूरी से?

कौन-सा देखा नहीं प्यार का चेहरा हमने

कौन-सा देखा नहीं प्यार का चेहरा हमने,
फिर भी बदला नहीं अहसास का शीशा हमने।

प्यास से जब हुआ बेहाल समुन्दर दिल का,
कितनी बिफरी हुई नदियों को पुकारा हमने।

शब भले जाग के काटी है तेरी फ़ुरक़त[1] में,
पर बिसरने न दिया कोई भी सपना हमने।

फूल तो खिल ही गए उनको था खिलना लेकिन,
ज़र्द होते हुए पौधों को भी सींचा हमने।

'उनके' ख़ामोश शिकंजों से दरक जाते मगर,
टूटने ही न दिया आस का सपना हमने।

ज़िन्दगी के घने अँधियार से लड़ने को 'शलभ',
बस दिया इश्क़ का जलता हुआ रक्खा हमने।

---

1. वियोग

ख़ुद को ही अब जीतने का हौसला मैंने किया

ख़ुद को ही अब जीतने का हौसला मैंने किया,
अपने ही किरदार को यूँ आईना मैंने किया।

इक जुगलबन्दी हमारी वस्ल में ऐसी हुई,
दिल के हर अहसास को फिर आश्ना मैंने किया।

मंज़िलें मिलने लगीं और रास्ते बनते गए,
हिम्मतों को बाँध कर जब क़ाफ़िला मैंने किया।

जब समुन्दर अड़ गया था राह दूँगा 'मैं' नहीं,
वुसअ'तें दिखला के अपनी ज़लज़ला मैंने किया।

आसमां घबरा गया जब मेरी फ़ितरत देख कर,
रूप को करके विहंगम सूर्य-सा मैंने किया।

'ख़ुद जले बिन क्या मिलेगा' सूर्य ने मुझसे कहा,
पाँव को फिर इक सुलगता आबला मैंने किया।

जिस तजस्सुस[1] की 'शलभ' को हर जनम दरकार थी,
शाश्वत रहमत से 'उसकी' सिलसिला मैंने किया।

---

1. जिज्ञासा/ खोज

ख़ामोशियों के बीच ही संवाद भी हुआ

ख़ामोशियों के बीच ही संवाद भी हुआ,
नाशाद भी हुआ तो ये दिल शाद भी हुआ।

कैसी अना थी दम्भ को जो चूर कर गई,
आहत हुआ तो दिल मेरा फ़ौलाद भी हुआ।

तेरे करम का शुक्रिया कैसे अदा करें,
अवसाद में मुहब्बतों का नाद भी हुआ।

इन दूरियों से इश्क़ का कैसे मिले सबाब,
रह-रह के रूह में मेरी उन्माद भी हुआ।

गुजरे समय की धार से कैसे हो गुफ़्तगू,
तेरी पहल से रिश्ते में अपवाद भी हुआ।

मैं थक गया हूँ बोझ से अपने गुनाह के,
कोहकन भी मैं हुआ हूँ तो बुनियाद भी हुआ।

ये इश्क़ का जुनून ही तो शुद्ध प्रेम है,
चारों दिशाओं में 'शलभ' प्रतिनाद भी हुआ।

पागल किसी के इश्क़ में यह दिल नहीं हुआ

पागल किसी के इश्क़ में यह दिल नहीं हुआ,
तेरे ग़मों से मैं कभी ग़ाफ़िल[1] नहीं हुआ।

दुश्वारियों ने ऐसे छकाया है रात दिन,
रस्ता ही रहा, मैं कभी मंज़िल नहीं हुआ।

पतवार से ही खेलना मेरा मिज़ाज है,
मझधार में रहा कभी साहिल नहीं हुआ।

अपने ही नाम ने मुझे बख़्शी हैं शोहरतें,
सब कुछ हुआ, वो पर मेरा साइल[2] नहीं हुआ।

था जीते जी गुमान मुझे वो है मेरे साथ,
जो मेरे ही जनाज़े में शामिल नहीं हुआ।

कब मकतबों से ही बना कोई अदीब पर,
करके वो लाख कोशिशें फ़ाज़िल[3] नहीं हुआ।

नश्तर सहे 'शलभ' ने सही बदमिज़ाजियाँ,
अपनी अना से वो कभी बिस्मिल[4] नहीं हुआ।

---

1. अनभिज्ञ, 2. प्रार्थी, 3. श्रेष्ठ, 4. घायल

अपने वचन पे वो कभी कामिल नहीं रहा

अपने वचन पे वो कभी कामिल[1] नहीं रहा,
अपनी किसी भी बात से बातिल[2] नहीं रहा।

वो रू-ब-रू भी हो के नहीं रू-ब-रू कभी,
दायम[3] था हर मुक़ाम पे, मुश्किल नहीं रहा।

जो न्यूज़रील की तरह गाता था हादिसे,
चैनल हमारे काम के क़ाबिल नहीं रहा।

हर तौर से ही जिसने निभाई थी दुश्मनी,
वह भावनाओं पर मेरी बोझिल नहीं रहा।

आधे ही रास्ते से पलट जब गया था वो,
मेरी मुहब्बतों के मुक़ाबिल नहीं रहा।

परचम को जब उठाना था तब तो मिला नहीं,
पर मानता हूँ वो कभी बुज़दिल नहीं रहा।

गा तो रहा था मेरे ही गुणगान वो 'शलभ'
ग़म और ख़ुशी में जो मेरे शामिल नहीं रहा।

---

1. पक्का/पूर्ण, 2. झूठा, 3. हमेशा/सदा

हुस्न के हाथों में जादू की छड़ी है

हुस्न के हाथों में जादू की छड़ी है,
इश्क़ के पाँवों में डाले यह कड़ी है।

बिजलियों की ज़द में उसकी झोंपड़ी है,
आँख कर ले बन्द क्या तुझको पड़ी है।

गोश्त जूठा है सदा आहार इसका,
ये सियासत है कि यारो लोमड़ी है।

उनको तुम नादान तो समझो न भाई,
वोटरों के पास भी तो खोपड़ी है।

आज शायद कृष्ण आ जाएँ कहीं से,
द्रोपदी फिर आज भी बेबस खड़ी है।

क्यों नहीं! चर्चाओं में शामिल है मुफ़लिस,
ये सरासर देखिए धोखाधड़ी है।

क़त्ल कर दो तुम 'शलभ', पर याद रखना,
वक़्त के भी पास इक ज़ालिम छड़ी है।

आपके जलवों में हरदम सनसनी है

आपके जलवों में हरदम सनसनी है,
अपनी आहों में अजब बेचारगी है।

क्यों उजाला जा छिपा पर्वत के पीछे,
बाहुबलियों-सी उदंड अब तीरगी है।

दास्ताँ अपनी लिखेंगे अपने दम से,
अपनी अज़मत से बड़ी क्या बन्दगी है।

गूँगे लब, ख़ामोशियाँ कहतीं बहुत कुछ,
आग में दहका हुआ ज्वालामुखी है।

एक मुद्दत से नहीं हिचकी तक आई,
तिश्नगी मेरी तो अब तक अनबुझी है।

जनवरी की शाम है शिमला की सर्दी,
हर तरफ़, हर सू तेरी आमादगी है।

वो मुसव्विर तेरी धुन में यूँ रमा अब,
इक वियोगी-सी 'शलभ' की ज़िन्दगी है।

उसके सीने में पसलियाँ डालो

उसके सीने में पसलियाँ डालो,
रीढ़ में भी तो हड्डियाँ डालो।

हर जगह करता है जो बदमाशी,
ज़ह्न में उसके नेकियाँ डालो।

सड़ रहा अब तो झील का पानी,
उसमें कुछ ताज़ा मछलियाँ डालो।

बाग़बाँ! फूल माँगते हैं मिलन,
कुछ जवान उन पे तितलियाँ डालो।

कोरी-कोरी कहानियाँ न गढ़ो,
ज़िन्दा किरदार दास्ताँ डालो।

ताले ख़ामोशियों के खोलेंगे,
उनके हाथों में चाबियाँ डालो।

हर गली में उसी की हो चर्चा,
उसके क़िस्से में दास्ताँ डालो।

आज इज़हार-ए-इश्क़ है उससे,
अब 'शलभ' मुँह में कुछ ज़ुबाँ डालो।

बहुत मुरझा गए हैं फूल उल्फ़त में सज़ा पाकर

बहुत मुरझा गए हैं फूल उल्फ़त में सज़ा पाकर,
हमें भी मिल गया है क्या मुहब्बत में सज़ा पाकर।

तुम्हारे आस्ताँ से जब से हम नाराज़ हो बैठे,
कफ़स में हाथ हैं मलते बग़ावत में सज़ा पाकर।

पहाड़ों से हमें तो दोस्ती महँगी पड़ी भाई,
गिरे हैं उनकी नज़रों से अदावत में सज़ा पाकर।

हमीं समझे थे कब हिजरत[1] समन्दर से जो कर डाली,
हुए हैं दर-ब-दर साक़ी ख़िलाफ़त में सज़ा पाकर।

यहाँ मिलता है दर कोई न मिलती है मुहब्बत ही,
मरासिम आज़माने से, हक़ीक़त में सज़ा पाकर।

घटाएँ तो नहीं बरसें ज़मानत बादलों ने दी,
बरस जाते हैं फिर बादल ज़मानत में सज़ा पाकर।

हमारे इश्क़ की फ़ितरत कहाँ समझा है फिर कोई,
'शलभ' गुमसुम-सा बैठा है अक़ीदत में सज़ा पाकर।

---

1. गमन/ दूरी / छोड़ना

दोस्ती बस हक़ जताना हो गया है

दोस्ती बस हक़ जताना हो गया है,
प्यार का क़िस्सा पुराना हो गया है।

कुछ नहीं मिलता है अब अधिकार से ही,
माँगना अब गिड़गिड़ाना हो गया है।

छोटे बच्चे जानते हैं 'मैं' का मतलब,
प्यार उनका हक़ बताना हो गया है।

चल रहा है क्रूर सामाजिक जो मंथन
रूप उसका वहशियाना हो गया है।

मीडिया से मेल कर बैठी सियासत,
मुंसिफ़ों से दोस्ताना हो गया है।

'किम' ने अब जनता से माँगी है मुआफ़ी,
मोजिज़ा ये ग़ायबाना[1] हो गया है।

आपके जुमलों की हर तासीर समझे,
अब 'शलभ' भी तो सियाना हो गया है।

---

1. गुप्त रीति से

बस हालचाल पूछ के क्यों चल दिए जनाब?

बस हालचाल पूछ के क्यों चल दिए जनाब?
गहरे हमारे ज़ख़्म भी तो देखिए जनाब।

दिल खोल के पलों का मज़ा लीजिए जनाब,
अब इश्क़ में भी कोई ख़ता कीजिए जनाब।

भरने को पेट मांस चुराते तो हैं सियार,
हड्डी से गोश्त आप भी तो नोचिए जनाब।

इसके सिवा नहीं है कोई काम जोंक का,
मीठा है ख़ून आदमी का पीजिए जनाब।

ये ग़मगुसारी आपकी दुश्मन है जान की,
अब तो हमारे वस्ल की भी सोचिए जनाब।

बाग़ों में आम पकते ही गाती हैं बुलबुलें,
नग्मे फ़िज़ा में प्यार के तो घोलिए जनाब।

कुंठाओं ने ये ज़िन्दगी जकड़ी है यूँ 'शलभ'
तनहाइयाँ भी दोस्तों की बाँटिए जनाब।

मेरे अन्दर बग़ावत हो रही है

मेरे अन्दर बग़ावत हो रही है,
अरे यह क्या हिमाक़त हो रही है।

जिये जाते हैं गूँगे-बहरे बन कर,
अनोखी यह इबादत हो रही है।

मेरा तो बाल भी बाँका न होगा,
मेरी अद्‌भुत हिफ़ाज़त हो रही है।

कोई तो देवता है सत्य का भी,
उसी की अब अक़ीदत हो रही है।

वो जो बेजान है पत्थर की मूरत,
उसी पर तो सियासत हो रही है।

पलट आया है वो जो मेरे दर से,
उसी से अब तो निस्बत हो रही है।

करे जो रात-दिन पुर्सिश तुम्हारी,
'शलभ' की ही शिकायत हो रही है।

अब धुआँ पसरा हुआ देखा तो जा सकता नहीं

अब धुआँ पसरा हुआ देखा तो जा सकता नहीं,
अपना घर जलता हुआ देखा तो जा सकता नहीं।

अपनी सब नाकामियों के दोष उन्हें मत दीजिए,
आईना चुभता हुआ देखा तो जा सकता नहीं।

आप तो हैं रोज़ उड़ाते गीत-गाथाएँ नई,
सत्य को उड़ता हुआ देखा तो जा सकता नहीं।

आज के हालात में सोना भी है वाजिब कहाँ,
आदमी मरता हुआ देखा तो जा सकता नहीं।

धर्म हम सबका बढ़े जाना है मंज़िल की तरफ़,
क़ाफ़िला भटका हुआ देखा तो जा सकता नहीं।

बात मामूली है बेशक यह सियासत के लिए,
ख़ून यह बहता हुआ देखा तो जा सकता नहीं।

कोई हद ग़फ़लत की भी होगी बताओ ऐ 'शलभ'!
झूठ यूँ पकता हुआ देखा तो जा सकता नहीं।

मुझे भी चाँद का मुजरिम बना देते तो अच्छा था

मुझे भी चाँद का मुजरिम बना देते तो अच्छा था,
किसी भी जुर्म की कोई सज़ा देते तो अच्छा था।

मुख़ालिफ़ सोच ही किरदार की पहचान है मेरी,
मेरे दरवाज़े पर लिख कर लगा देते तो अच्छा था।

बिगड़ जाते हैं रिश्ते एक ही पल में सुनो भाई,
सदाक़त से इन्हें हम सब निभा देते तो अच्छा था।

जहाँ नदियाँ बहा करती थीं अब मिट्टी के रेवड़ हैं,
इन्हें इक झील की जानिब हटा देते तो अच्छा था।

बहुत-सी बेटियों को इस तरह होना पड़ा रुस्वा,
ये सब नापाक मंसूबे मिटा देते तो अच्छा था।

हमारे राजनेता हैं ग़ज़ब की गोटियाँ चलते,
ज़लालत का ज़हर उनको पिला देते तो अच्छा था।

'शलभ' की दस्तरस में है नहीं कोई करिश्मा भी,
'सुदर्शन चक्र' इक उसको दिला देते तो अच्छा था।

हमेशा लफ़्ज़ का रखते हैं मान, हम शाइर

हमेशा लफ़्ज़ का रखते हैं मान, हम शाइर,
ग़ज़ल में ऐसे भी भरते हैं जान, हम शाइर।

पहाड़ों, जंगलों में हम तलाश करते हैं,
ग़ज़ल की रूह का भी 'ज़ाफ़रान', हम शाइर।

अरूज़-भाव का भी सन्तुलन रहे क़ायम,
ग़ज़ल का रखते हैं यूँ स्वाभिमान, हम शाइर।

समेट लाते हैं क़तरे में हम समुन्दर को,
इस इक हुनर का हैं रखते गुमान, हम शाइर।

वो आईने हैं जो सूरत ही नहीं दिखलाते,
हैं सीरतों को भी देते ज़बान, हम शाइर।

ग़रीबी, भुखमरी, उनवान, सब मुहब्बत के,
जदीद शाइरी के आसमान, हम शाइर

तमाम फ़लसफ़ों के मर्म को 'शलभ' सीधे,
सदा हैं शे'र में करते बयान, हम शाइर।

✪